我有幸生活在这里

——作家笔下的东侨

东侨经济技术开发区编委会　编

海峡出版发行集团
THE STRAITS PUBLISHING & DISTRIBUTING GROUP
海峡文艺出版社
Haixia Literature & Art Publishing House

图书在版编目(CIP)数据

我有幸生活在这里:作家笔下的东侨/东侨经济技术开发区编委会编. 一福州:海峡文艺出版社,2017.12
ISBN 978-7-5550-1321-1

Ⅰ.①我… Ⅱ.①东… Ⅲ.①诗集—中国—当代②散文集—中国—当代 Ⅳ.①I217.1

中国版本图书馆 CIP 数据核字(2017)第 310083 号

我有幸生活在这里

——作家笔下的东侨

东侨经济技术开发区编委会 编

责任编辑	林 颖
出版发行	海峡出版发行集团 海峡文艺出版社
经　　销	福建新华发行(集团)有限责任公司
社　　址	福州市东水路 76 号 14 层　　**邮编** 350001
发 行 部	0591—87536797
印　　刷	福州力人彩印有限公司　　**邮编** 350012
厂　　址	福州市鼓楼区福飞路义井村池前 10 号鼓东工业小区
开　　本	787 毫米×1092 毫米　1/16
字　　数	210 千字
印　　张	19.5
版　　次	2017 年 12 月第 1 版
印　　次	2017 年 12 月第 1 次印刷
书　　号	ISBN 978-7-5550-1321-1
定　　价	68.00 元

从海滩到城区的嬗变

——序《我有幸生活在这里》

林思翔

近日，东侨经济技术开发区党工委宣传部送来了《我有幸生活在这里》的书稿，我有幸先睹为快。这是一本记述东侨发展变化的诗文集。全书分为《沧桑东侨》《福地东侨》《水韵东侨》《诗意东侨》四个部分。抒写了东侨的前世今生，反映了东侨的沧桑巨变，讴歌了这片正在崛起的美丽大地。

东侨，即宁德昔日的东湖塘。是三都澳边、大门山下的一片海滩。大金溪、城南溪沿滩流过，滩涂上港汊密布，坑坑洼洼，潮起潮落，风来风往。20世纪50年代末，宁德人民依靠自己的力量，在入海口筑起了25孔桥（水闸），拦住了狂野不羁的海水，使这片数万亩的滩涂成了田地。其后不久，恰逢被排华的华侨回国，省里就在这里办起了华侨农场，安置着数千名来自越南、印尼等国家的归难侨。经过他们的辛勤劳作，盐碱消退了，土壤淡化了，渐渐使不毛之地的滩涂成了宁德县（现蕉城区）最大的一片平原。可因溪流过境，当年造纸厂的污水顺流而下，充斥东湖塘，水面污染物漂浮，恶臭难闻。当时东湖塘的旷野上，除了管理区几座平房和低矮的华侨宿舍，就是稀疏的防风林木麻黄，此外就是污水横流的沟渠。东湖塘的道路全是围垦时由泥砖堆砌起来的，晴天泥块磨蹬脚底，若是雨天，土路泥泞，行走其上如同踩在滑糕上，稍不留心就会跌倒。因此，当年的东湖塘成了一片环境“脏乱差”的地段。

改革开放的春风吹进东湖塘。这里实行生产责任制，田野的庄稼绿了，山头的林木多了。随着政策的放宽，许多归侨陆续离开这里赴港澳和东南亚等地与父母、子女团聚，东湖塘地多人少，发展相对缓慢。直到1997年，经省政府批准，这里成立了闽东华侨经济开发区，1999年5月，成为省级经济技术开发区，2012年12月，升级为国家级经济技术开发区，东侨迎来了发展的大好机遇。

今年是开发区成立20年。20年，一个甲子的三分之一，在历史的长河中仅是一瞬间，而这里却发生了翻天覆地、日新月异的巨变。原来的滩涂港汊地块如今成了美丽的城市新区。我长期在闽东工作，当年我们机关干部还经常到东湖塘参加劳动，自以为对这片土地是十分熟悉。可不久前我特地去寻访旧地，竟然连方位都认不出来，因为变化太大了！李朋松、缪华同志领我环东侨兜转了一圈，看到的全是崭新的面貌，闻到的更是甜润的清新空气。这变化令我惊叹，也是多少代宁德人所想象不到的。

如今的东侨是一座美轮美奂的城区

东侨地处蕉城的东边。入境的两条溪流如两条蛟龙往海边游来，在海堤内汇聚成一个面积达3800亩的湖泊。湖面碧波荡漾，蒹葭苍苍，鹭鸟轻掠，鱼翔浅底。人们常说，湖泊是大地的眼睛，这明亮湛蓝的大眼睛看得到青山，望得见白云。行走东侨的环湖栈道上，真有一种“人行明镜中，鸟度屏风里”的感觉。因了湖水的浸润和海雾的轻抚，周边的大门山、塔山、金蛇山和南岸公园、北岸公园、兰溪公园……清晨朦胧如仙境，白昼清丽如画卷，夜晚璀璨如灯市，活脱脱一幅“山在水中，湖在城边”的水墨画。无怪乎，这里的水利景区被列为“国家水利风景区”。

东侨是集山、河、湖、海于一体，流淌着水韵的美丽城区。山光湖色营造了东侨的柔静之美，而三都澳波浪汹涌、惊涛拍岸的海水，又给东侨带来了阳刚之美。站在金马海堤眺望海面，“落霞与孤鹜齐飞，秋水共长天一色”，军艇如山，轻舟如云，网箱纵横，海上田园。三都澳美景尽收眼底。再往前，就是水天一色浩瀚的台湾海峡。

“面朝大海，春暖花开。”大海让东侨人视野开阔，也把东侨人的目光带到辽阔的远方。温福铁路，沈海、沈海复线高速公路从海上穿越，风驰电掣的机车更把东侨的美名带向“诗与远方”，使东侨这诗意般的城区让越来越多人所认识，所向往。

如今的东侨是一块宜业兴业的沃土

常言道：“种得梧桐树，引得凤凰来。”城区的美丽和区位的优势，使东侨成了优质产业集聚的地段。如今已入住近百家企业，他们在此创业、发展，房地产、新能源、生物科技、电机制造、水产食品加工，成为东侨五大产业引擎。

在喜迎党的十九大的日子里，中央电视台热播的《还看今朝》栏目在福建篇中，特别提到的锂离子电池市场占有率跃居世界第一的新能源企业就在这里。东侨开发区以新能源、时代新能源为龙头，共对接新能源企业项目 29 项，一步步地构建起一个千亿的新能源产业集群。新能源公司生产的聚合锂离子电池产值排名世界第一，锂离子动力电池产值居全国第一、全球第二。2017 年全年预计实现产值可超 400 亿元，税收超 30 亿元。公司组建了亚洲最大的锂电池研究院，拥有一支涵盖产品研发、工程设计、测试验证、制造等领域的高端研发团队。如今，在东侨开发区，一座新能源城正拔地而起，成为宁德高新科技发展的一个时代品牌。

东侨还在打造生物科技、电机电器、食品加工 3 个百亿产业集群。被誉为生物科技产业示范基地的新西兰安发生物科技园也落户于此。它是以研究、开发和推广药用真菌、天然植物和海洋生物等天然药材为主导的健康产业集团。如今其产业布局已覆盖全球 20 个国家，2016 年被认定为国家知识产权优势企业。鲁花、厦钨、卓高、星宇等一批重点工业项目也纷纷加入，使东侨万亩高新技术产业园呈现出蓬勃生机的态势。围绕产城融合的发展思路，东侨北部新城的现代物流、商贸服务、教育医疗、生态休闲等配套功能进一步完善，到 2020 年，北部新城将成为宁德中心城市宜居宜业的又一张靓丽名片。“科技东侨”的梦想正一步步地成为现实。

如今的东侨是一处宜居养生的福地

都说一张白纸好写最新最美的文字，好画最新最美的图画。东侨原本是平展展的一片滩涂垦区，东侨人大手笔、高起点地谋篇布局。20 年的发展，如今街道宽坦，纵横有序；高楼林立，错落有致；绿化带里，花艳袭人；行道树间，一树鸟鸣。交通、商业、教育、文化设施相应配套，给人们生活提供方便。加之美丽的湖光山色，景观天然，空气清新，成了一片宜居养生的福地。

改革开放以来，宁德各地变化都很大，如果要说整体面貌焕然一新的话，当数东侨。这里路新、街新、楼新、环境新。这面朝大海、头枕湖泊的地域，吸引了20多家房地产开发商蜂拥而来，原来的海滩地、土石路被鳞次栉比的高楼和纵横交错的街道所代替，水岸阳光、东湖品臻、东湖御品……沾带着水的灵气的房地产，纷至沓来在这里聚合，那犹如火箭般集束耸立的楼群和熙来攘往的人流，洋溢着浓厚的现代都市气息。体育中心、文化中心、广电中心、会展中心、政务中心也在这里落户，还有三都澳宾馆、规划馆、火车站、师范学院、艺术馆、图书馆、医院、中小学校等也在这里占有了一席之地。这些承载着当今时代鲜明标志的建筑物，不仅体现了东侨是宜居宜业之地，而且有效提升了东侨的政治品位和文化档次。

东侨绿水青山，本色天然，古人曾赋诗“万顷波开金镜晓，满湖光贮玉壶秋。”来赞美这方山水。如今，人们又因地就势在自然的形体上加以装饰，将自然美与艺术美有机结合，使这片水土更美更靓。点睛之笔当数湖泊两岸的绿色走廊——北岸、南岸公园和塔山公园，这里，草木葱茏，鸟语花香，曲径通幽，渔舟唱晚。人们漫步休闲、赏花观景，尽情享受与大自然亲近的怡悦。也因此，环东湖生态景观获得了“中国人居环境范例奖。”

如今的东侨是一域充满希望的热土

东侨人20年的创业与奋斗，换来了水绿山青，城新业兴。20年的汗水，20年的经验，20年的成就，已然成了东侨人美好的回忆，在他们心里存放着，不时加以咀嚼回味。

人气的集聚、产业的集聚、科技的集聚，使这片宜居宜业的土地越来越显现出她的优势与魅力，成为一片充满生机与希望的热土。党的十九大描绘的新时代发展的雄伟蓝图，极大地振奋了东侨人，化为了他们奋进的强大动力。宁德市委吹响了“开发三都澳，建设新宁德”的号角，激励着澳岸边的东侨人不断把事业推向前进。

“千年潮未落，风起再扬帆。”新时代，新东侨，新征程。如今的东侨人正站在新时代的新起点上，不忘初心，牢记使命，砥砺前行，再创辉煌！我们完全有理由相信，东侨的明天会更美好！我们也完全有理由庆幸，我有幸生活在这里！

2017.10.21

（林思翔，原福建省科协党组书记、副主席，原福建省政协常委、省政协经济科技委员会副主任。中国作家协会会员。）

目　录

沧桑东侨

福地东侨

水韵东侨

诗意东侨

沧桑东侨

崛起的海湾新城

林思翔

长期在宁德工作，对于东侨经济开发区所在的地盘东湖塘，我并不陌生，这片于20世纪50年代末60年代初围垦起来的海湾滩地，后来成了安置归侨的农场。由于是由若干小岛、滩涂和港湾组成的，因此呈现出山水错落、湖塘河汊密布的特殊地形，当时的归侨们就耕作于山头下河道与湖塘交错的地块上。风起潮涌，东湖塘处在风口浪尖上，为防风沙，沿堤、沿路甚至房前屋后都种上了木麻黄，这种廉价而低贱的植物叶细腰软，说不上有什么美感，却也起了防风遮阴的作用。除此之外，再也没有任何装点大地的花草树木了。

在粮食缺乏的20世纪70年代初，东湖塘也算一个粮仓。每月28斤大米的供应粮食，根本填不饱那时正年轻的我们这些人的肚子，每天总是吃了上餐盼下顿。于是，时任地区革委会副主任、军分区副政委黄象和同志与东湖塘农场联系，借了几十亩地给地直机关耕种。故我们每个单位有幸借到二三亩地，有地种就意味着收成后可以分到补贴粮食，大家别说有多高兴。春播夏种、除虫田管，不管是烈日当空，还是刮风下雨，大家总是轮流着起早摸黑，忙碌在田头，谁也没有怨言。那时东湖塘的路除了一条通向城关主干道是沙土路外，其余均是海泥砖砌起的土埭，晴天还可以，一遇下雨，泥泞的路面就像地瓜粉蒸的软糕一样，滑溜溜的，脚一踩就陷下去，稍不小心就滑倒。记得有一次我们几个年轻人推一板车秧苗去田头，结果车轮陷进路坑中，弄得我们又是用手搬车轮，又是用肩顶车身，花了好大劲才把车子推起来，大家戏谑地说，我们这是在谱写一曲社会主义大协作的凯歌。道路如此，路下的湖塘水面更糟糕，纸厂的废水随河道排入这占了东湖塘“半壁江山”的水面，污水如同涨潮的海浪一样漫溢开来，卷起一层层泡沫，那辛辣刺鼻的恶臭弥漫在空气中，路人只好捂鼻而过。农场的员工住在几个耕作区靠山边砖混结构的两层楼房里，当时看还算不错。当然最漂亮的建筑物要数农场场部的办公楼——一座全石砌就的花格扶栏的三层楼房，那可是最派头的房子了。

这就是刻在我脑子里的东湖塘的“老照片”，一想起东湖塘，这些情景就浮现在我眼前。可最近，当我们从省城来到东湖塘时，自认为闭起眼睛也能认准方位的我，竟然找不到北，不是我老眼昏花，而是这里的变化实在太大了！我反复翻阅大脑深处的记忆簿页，却始终对不准所处的位置。当年的田间小路已被纵横交错的街道和穿越其间的公路所代替。宽敞的路面，把港口、汽车站、火车站联结在一条线上，成了四通八达的交通网络枢纽。当年的沙坂荒滩和河田交错的大地上，矗起了座座高楼，驿景大酒店、山水大酒店，广电大厦、联通大楼……这些洋溢着现代气息的大楼，摩肩接踵，气势恢宏。中西合璧风格的东侨中学，成了聚集人气的闪亮“招牌”。30 年前归侨居住的房子，大多已不住人，归侨们搬进了漂亮而整齐的华侨新村。新村造型美观，色彩明丽，房前芳草萋萋、绿水流淌，小学、幼儿园配套齐全，成了人们羡慕的宜居小区。

湖塘水面的变化更是想象不到。前面说的那个污水横流的湖塘，当年的污染景象早已绝迹，水面明净得如同镜子一般，岸边丛丛芦苇，轻摇慢晃；成群白鹭，轻掠水面。泛舟其间，恍如置身于白洋淀芦荡清波中。一位名人说过，湖是“大地的眼睛”，湖塘明亮了，周边的环境也就显得格外清靓。北边湖畔新建了一些灰墙黛瓦的低层建筑，间以片片草坪。湖面与湖边蓝绿相连，尤显视野开阔，人居与自然浑然一体，看过去是那样的和谐。

东湖塘南岸新建一座公园，典雅别致，疏朗大气，可以说是东侨的一大力作。公园宽大的草坪就如同插上卷秧的大田一样铺展开去，造就了不尽的绿意。略带弧度的步行道和不时隆起的人造“小山”。林木高低错落，花卉色彩多样，公园显得静中有动，特别有生气，给人的视觉带来冲击与愉悦。假山、木桥和潺潺流水，如同苏州园林艺术再现，漫步其间，让人仿佛走在姑苏的巷坊间。可谁会想得到，如此壮观秀丽的公园，竟然是在三十年前我们为贴补口粮而耕种的那一片河沟与田块杂处的地面上建起来

的。地就像人一样，当年的黄脸婆如今变成了美少女。

东湖塘围垦的出口处在金蛇头。当年这座孤岛一边筑上金马海堤，一边建起25孔桥，把滔滔的三都澳来水给堵住了，孤岛从此不孤，成了陆地上的桥头堡。如同布袋口一样，这里的地理位置十分重要，若有闪失，即如堤漏堤溃，海潮进来，将造成不堪设想的后果。可在当时的条件下，用海泥砖砌起的堤岸，怎能保证不出问题呢？因此，每逢大潮或台风来临，人们总是提心吊胆。可如今，金马海堤也变了样，石砌的宽厚海堤如同一道白色屏障屹立在东侨海滨，这“金戈铁马”使金蛇头堤岸固若金汤。如今，这海堤，这25孔桥，也成了一道观景点，从这里眺望三都澳，碧海朝晖，渔歌唱晚，波起潮涌，轻舟归帆，海上美景尽收眼底，令人思绪翻腾，畅想联翩！

入夜的东侨景色尤佳。高大建筑物上明亮的轮廓灯勾勒出新兴城区的雄伟新貌。街道上奔流的车灯与造型别致的景观灯交相辉映，突显东侨的生气与繁华。数里外就看得见的居于塔山顶上的城塔，通体透明，光芒四射，彰显出社会的安宁与和谐。循着塔的光野，让人看到了蕉城这座当年如芭蕉叶般卷缩在山边的古老城池，因城南、城北的拓展，因东侨的崛起，如今变成丰满圆润了，不仅面积比原来扩大了数倍，而且充满着蓬勃的生机活力！

沧海桑田，人间巨变。30年前熟悉的地方，如今已故地难觅。真是“三十年河东，三十年河西”呵！其实东侨的变化也仅用了10年时间。20年后，30年后，东侨一定会变得更加美丽。我有幸在规划展示馆里看到了它和环三都澳发展的雄伟蓝图。鳞次栉比的高楼和蓝色海湾交融的环三都澳都市发展前景令人十分振奋。东侨的变化是宁德发展的缩影，它以辉煌经历见证了共和国改革开放前进的脚步。可以想象，再过若干年，这座崛起的海湾新城将成为环三都澳滨海城市上的一颗璀璨明珠，一颗魅力四射、令人瞩目的明珠！我祝愿并企盼着。

让石头铭记历史

唐　颐

太行山、太岳山、王屋山和太姥山的四块景观石，于 2009 年 11 月 1 日相聚在湖光山色的东湖北岸，她们似乎共同回忆与诉说着六十年的风云变幻、沧海桑田。

一

太行山于我们这代人的心目中是座英雄的山。那首雄浑的《太行山上》歌曲，就是八路军浴血抗日的经典画面，太行山即中国共产党抗日战争与解放战争根据地的代名词。21 世纪初，我走了一趟国家级风景名胜区——嶂石岩，曾如攀岩般攀爬过“人如壁虎天梯挂”的“大天梯”，登临海拔 1774 米的东峰顶，感悟荀子如此描述：“居太行之巅，地势最高，与天为党。”这“与天为党”一词气魄太大了。那天，我便与天一党，俯瞰河北、山西两省四县，和贯穿南北八百里，逶迤绵亘，峻极于天的太行山。那色红、顶平、身陡，以宏大的阶梯状绵延着绝壁与套谷，宛如道道红色长城，高亢奇绝、粗犷浑厚、铁骨铮铮、气节灼灼……此情此景，特别想放歌一曲《太行山上》。

山顶竖有石碑，大寨的铁姑娘郭凤莲手书“东峰 2001 年 6 月”勒石于此，原来已踏入山西地界。天高云淡下的远方，是太行山西麓的虎头山。那天，我们驱车翻越了太行山脉中段，从河北赞皇县到山西大寨。沿着当年那位农民副总理经常上山的路，登临虎头山森林公园，伫立于他老人家的墓园前，敬上一杯清茶，向这位当年在国务院上班时，不舍得花一角钱喝一杯绿茶的国家领导人致敬。此时，大寨的导游唱起一曲我们熟悉的歌：

“七沟八梁一面坡，层层梯田平展展，牛羊满山坡，坑上花被窝，囤里粮冒尖……”听罢，我请她再唱一曲《太行山上》。

“人说山西好风光，左手一指太行山，右手一指是吕梁。”其实，太行与吕梁之间还有一座太岳山。也是那一年，我走了晋中、临汾一带，方知晓太岳山历史之悠久，人文之厚重。太岳山又称霍太山，以雄伟磅礴之势，凌驾于晋中南盆地上。国家级风景名胜区的绵山，便属太岳山脉。绵山又名“介山”，缘于春秋时期晋文公重耳为报答恩人引发的一起事故。曾与重耳患难与共并有恩于他的大臣介子推功成身退，携老母归隐绵山，重耳屡次请他出山为官，介子推不愿意，背着老母遁入竹山，重耳心急，听取部下建议放火烧山，岂料介子推至死不出，母子双双被烧死于竹林。重耳追悔莫及，改绵山为“介山”，并定焚山之日忌用烟火，只吃冷食，这便是我国“寒食节”的来历。

绵山脚下灵石县王家大院号称“华夏第一宅”，属清初建筑，是一座十分规则，呈现出“王”字形的城堡式住宅群。仅四周高墙的墙头绕行一圈得一个小时。大院既有北方建筑宏伟壮阔之大气，又有南方精巧隽秀之风雅。该县县长 1998 年在此撰文刻碑的一段文章颇具特色：国有故宫而知皇室之威严，民有王宅而知晋商之显赫。明清之际，海内最富有者，山西也，山西最富有者，晋商也，晋商最富有者，灵石王家也……

太岳山下洪洞县，有一株大槐树代表着中国的根祖文化。“问我祖先来何处？山西洪洞大槐树。”这是一首流传大半个中国的民谣。史料记载，元朝末年，战乱与灾害，加之黄河八次决口，中原等地哀鸿遍野，民不聊生。但山西却是风调雨顺，连年丰收，人口兴旺。朱元璋建立大明王朝后，面对中原等地荒凉局面，就采取大规模移民措施，目的是迅速发展生产，巩固新兴政权。这就是明朝历时 50 年先后 7 次的移民屯田政策，从山西大地移民数十万到中原、华北、华东等地，波及大半个中国。半个世纪岁月中，洪洞县的大槐树下，成了移民外迁的集散地。大槐树深深烙印在移民们心里。600 多年来，移民子孙繁衍遍布全国各地，如今，洪洞县每年清明节前后都举办“寻根祭祖节”。据说，每年一到这个季节，就有成千上万只、形如麻雀却叫不上名的小鸟飞来，停留在槐树上，节目过后，又飞得无影无踪，人称“思乡鸟”。

王屋山虽然没有去过，但我从小就知道它的大名，因为《愚公移山》的课文告诉我们，老愚公每日挖山不止，并要求子子孙孙挖下去的就是这座山。我有一位同事是愚公家乡济源市的。曾几次造访王屋山，他告诉我那里至今还有个愚公村，因为王屋山一座山梁挡住了村里的人去河边取水，所以愚公要带领子子孙孙挖掉它。现在仍可以看到，这座大山梁中间，确实断开一条很大的山口，远眺，真似人工开挖的一样。王屋山曾经是中国九大古代名山，现在是国家级风景名胜区，还是世界地质公园，森林覆盖率达 98% 以上，珍稀动物繁多，人文景点厚重。

二

"兴也勃，亡也忽。"公元 1948 年的华夏大地，共产党人和国民党人正在演绎着这句名言。当毛泽东主席发出"打过长江去，解放全中国"号令时，他已胸有成竹，原计划五年的解放战争，三年便可实现。人民解放军摧枯拉朽横扫南中国，国民党军兵败如山倒。解放形势发展如此迅速，需要大量的干部来接收、来管理、来建设新诞生的解放区。1949 年初，从

此遭受残酷迫害，险些丧命。

而为了建立人民政权，在剿匪反霸斗争中，英勇牺牲的长江支队干部就有 32 人。时任古田县第七区区委书记关麒麟等 4 名太行山儿子，1950 年在杉洋乡遭土匪包围，为保护群众不受伤害而被捕，被土匪活埋时大义凛然，当地群众至今仍流传着他们英勇的传奇。

三

那是一座集腋成裘建成的纪念园，名曰：长江支队宁德纪念园，坐落在东侨开发区东湖北岸公园内。纪念亭、纪念壁、浮雕墙、景观石，布局紧凑，主题鲜明，相互衬托，相映生辉，既显现了长江支队健儿挥师南下的雄姿，又展示了南下干部与闽东人民生死与共奋力拼搏的历程。园中景观石与石头建筑面临着如玉似璧的湖水，掩映在绿树修竹之下，错落于茵茵草坪之间……创意者独具匠心。纪念园现已成了闽东革命薪火相传的教育基地，红色旅游的新景点，市民休闲锻炼的好去处。

我有幸参加了纪念长江支队南下六十周年暨宁德纪念园落成典礼。那日东湖畔可谓：“落霞与孤鹜齐飞，秋水共长天一色”。主角自然是 60 年前的老兵。当年战火硝烟挺进八闽时，他们年龄最大的 37 岁，最小的

17 岁，有近 1000 名老兵在闽东战斗和工作过。而今，皆是白发苍苍。他们回顾激情岁月，无怨无悔；抚摸家乡石头，百感交集；缅怀已故战友，老泪纵横；畅叙同事情谊，惺惺相惜；展望热土未来，宽厚畅怀。熠熠霞光辉映着老兵的童颜鹤发，定格在令人动容的历史画面。

那天，福建省政协原副主席、宁德地区原地委书记陈增光的即席讲话，令我感悟颇深。作为生于闽东，成长于闽东的他谈到感恩，说："长江支队的同志们来到闽东，服从党的需要，深入实际，与人民群众建立了深厚感情，全身心地融入闽东社会，在经济建设、社会发展、党的建设、人才培养等方面做出卓有成效的业绩。他们言传身教，以自己的实际行动教育和影响干部。我本人就是他们教育培养众多干部之一，体会很深。就我个人而言，教育影响时间最长，关心爱护最多，印象最深的，当是吕居永老书记。我要真诚地向他和关心过我的各级领导表示感谢，向党表示感恩！"这一番肺腑之言表达的正是尊重历史，铭记历史。

老兵们很喜欢领着第二代、第三代、甚至还有第四代，在家乡的石头旁拍一张"全家福"。太行石刻着"魂铸四海，功昭华夏"；太岳石刻着"无私奉献"；王屋石刻着"愚公移山，改造中国"；太姥石刻着"革命精神，代代相传"，她们相依相伴，不正是老兵的心境与丹青的写照吗？不正是共和国魂魄的昭示和永远的丰碑吗？

让石头铭记历史。

“海上天湖”中的明珠

——东侨经济技术开发区掠影

傅溪鹏　朱文琴

登高望远，海天一色的东湖塘及周边景区尽收眼底。

2009年春夏之交的晴日里，站在东湖南岸高高的观景台上，顺着陪同人员手指的方向，看到了塔山公园、东湖公园、大门山、金蛇山、贵岐山及东兰组团、金塔组团，全都掩映浸泡在一片片一层层绿荫之中，与身边东湖的绿浪连为一体，我们如同漂浮游弋于绿色汪洋里。怪不得刚走进开发区时，党工委书记何如芳就说，东侨开发区是宁德市的核心绿地、城市景观的建设重点、环三　都澳的发展新区……这个位于三都澳海湾岸边风光优美的经济开发区，是宁德市的“绿色心脏”，融有“海、湖、城、山”美色，是典型的生态“山水城市”，在我们的视线里，蓝天、白云、绿水、青山、白浪、轻帆、水鸟、芦苇、林木、鲜花、草坪、幽径、彩旗、雕塑……所有的美好景色与景物，这里都一应俱全。此乃为人间仙境也！

我们这些前来采风的闽籍在京作家，大多是第一次到宁德。大伙都怀着好奇和钦佩的心情，聆听着陪同人员的讲解介绍：那是金马海堤南北两侧的生态园和白鹭保护区构成的“生态湾”；那是东湖南岸市民广场和文化广场为主题的“文化湾”；那是以体育中心、运动员公寓和塔山公园构成的“竞技湾”；那是以中心商业区和临水特色商业街构成的“生活湾”；那是以金蛇山和贵岐山东侧海岸线构成的“金海湾”……

够了！风光无限好，美色道不尽。

我们跟着陪同人员悠闲地沿着南岸滨湖路朝前走，到了宽阔舒适的金

苹果广场、碧波荡漾的人工湖及水上舞台。放眼望去，气势宏伟的真石假山、古树成荫的百树坡、五彩缤纷的成片花园，撩人游趣，舒目悦心。与广场相呼应的休闲会所、小桥流水、影壁彩墙、弧式栏架、游艇码头、观景楼等一批精致典雅的艺术建筑，更是精彩无比……这里的绿化面积 13 万平方米，种植 168 种乔木，有 80 多种野生鸟类在此栖息……陪同我们的东侨开发区有关领导说，这个休闲广场完全建成后，可接待来自宁德市内外及至省外的大批游客，电瓶车可以随时穿梭于整个园区，让游客随心所欲地游玩……夜间，各种景观灯柱、投光柱、LED 灯带交相辉映，绚丽多彩，山水交融，鸟语花香。

转入东湖北岸景区，迎面扑来的景致，更是数不尽。陪同人员说，北岸的建设设计，是遵循人与自然、城市与自然和谐共存的原则，合理利用滨湖自然资源，构成“一轴二带八景”的景观结构。一轴是城市景观轴的延伸；二带是林荫曲径和水生植物种植带；八景是泉涌鼓乐、石滩嘉荫、栈桥览胜、艺韵留痕、椰影扶岸、蓼花凭渡、荷风迎面、翠波流彩……

我们不禁要问，这美景如画的东侨经济开发区是从何而来的呢？

这闽东华侨经济开发区（简称东侨），是在东湖塘华侨农场的基础上建立的。1958年8月，宁德县人民政府正式启动东湖塘围垦工程。三年施工，建成25孔闸和4孔闸，以及2000米长的海堤，总投资204万元。1964年，福建省侨委接管，继续建设，又投入923万元，农场土地（含水面）总面积15700亩。

1965年11月成立东湖塘华侨农场，直属省侨委，先后接纳安置了印度、缅甸、泰国、马来西亚等国归侨3390人……后来，又继续开发建设，总投资为5124.4万元。1998年，确定为东侨开发区。2005年，闽东华侨开发区与闽东工业区合并，定名为福建东侨经济开发区。

2009年5月13日，我们在京闽籍作家一行9人到达福州长乐机场后，没有停歇，乘大巴便直驱东侨经济区的工业园。在泰格电机公司的车间里，参观了由这里生产出品销往国内外市场的各种大小规格的电机。这里的电机生产，应该是中国电机生产的龙头基地，号称“中国电机电器城”，规模可观，技术先进，是闽东的工业支柱之一。接着，又参观了闻名海内外的夏威水产公司……

最为令人兴奋的是，这里华侨新村的崭新楼群和侨民及其后裔们舒适安逸的幸福生活。我们亲眼看到他们三五成群地进出商店，在村边的公园里游玩、闲聊，脸上挂满笑容，犹如草木逢春，鲜花怒放……

年近60岁的归国华侨廖承欢在这东湖之滨的华侨农场，已经生活了近30年，亲历了东湖滩涂的沧桑巨变。他一家祖孙7口人，住在两套共210平方米的新楼房里。他原来的承包地被征用后，全家有5人享受下岗补贴费，夫妻均享受公费医疗和职工养老保险，儿子在开发区企业里当工人。全家月收入3000元左右。

“早些年，想不到

会有今天这么好的日子。”廖承欢高兴地说，“过去，在农场干活，起早贪黑，挣不了多少工分，分不到多少钱。一家人住在只有30平方米的矮平房，子女常常踩着泥泞小路去上学……”

“历任领导班子在发展建设中，破解各种难题，解决各种矛盾，更好地维护提升归侨们的权益……这一方面，是‘东侨经验’最可圈点的一笔。”开发区党工委书记何如芳说，“东侨开发区成立10周年，沧海变桑田……”

华侨农场场长说：“现在，居者有其屋、子女有教育、就业有着落、弱者有保障、发展有空间的五有目标，正得到全面落实。归侨们的各方面利益有了长久保障……”

东侨开发区在短短的几年间，已接纳法国、澳大利亚、新加坡等国家，以及上海、北京、浙江、香港、台湾等地的内外商1000多人前来考察洽谈……现在，已经成功引进39家企业……开发区的人气、财气、商气，与日俱增，前程看好……

从商业街到坪塔路，分布着逸涛、建闽等一批新型的住宅小区，建筑、布局、绿化、环境均为上等；莲花山庄等别墅更富魅力；高新技术园区正在成长成熟；五星级国际大酒店也已破土动工建设；德港商业广场、“中国红”家居装饰建材大市场、闽东农贸市场等商业运营繁忙……

在参观了规模宏伟的“宁德城市建设规划展示馆”后，时任宁德市委书记陈荣凯于三都澳迎宾馆招待前来采风的闽籍在京作家。

陈书记说，宁德正在起飞，三都澳前景无量……我们正在建设，我们一定要遵照省委指示：“发展先行、办法先行、科学先行。”全面深入实施三都澳区域发展战略，努力走在福建海西经济区的前列。再过几年，如果你们再来，那时看到的一定是更富有更美丽的宁德，更有魅力的三都澳……

入夜，华灯齐放，微风轻拂，空气清新，花草喷香。我们在依湖而建的迎宾馆旁边的湖岸栈桥上散步。东湖夜景，十分迷人，水波微漾，湖面薄雾，忽隐忽现，缥缈不定，如同深闺少女，温馨柔美，情意绵绵，醉人心扉……

我们几位作家和当地朋友聚在凉亭里品茶。宁德的福鼎白茶、福安“坦洋工夫”茶，均是极品。我们为这些极品心醉……畅谈宁德的今天，描绘宁德的明天，心儿飞向远方……品茶之际，远眺湖岸上无数星星点点的行行灯光，倒映在水中，与夜空中闪烁的星星连为一片……疑是银河落九天……

星困了，夜深了，茶香了，人醉了……

在甜蜜的梦乡里，我们梦游了东湖美景，梦游了三都澳这个“海上天湖”……我们期盼着，相信着，东湖东侨更美好的明天……

我们想：既然三都澳被誉为“海上天湖”，那么，如此美丽的东侨经济开发区就应该是“海上天湖”中的一颗明珠。随着福建海西经济区的加快开发，宁德市的快速建设，这颗“三都澳”中的明珠，定然会越发明亮，越发光彩……终有一天，绝对可以与香港那颗“东方明珠”媲美的……

大海，请铭记那岸上的名字

徐锦斌

旭日东升

东海之滨，红日喷薄而出，光芒照耀。

东侨就沐浴着这朗朗曦晖，开始了新的一天。

从老城区进入东侨，你很容易意识到，东侨的历史实在太短了，短的只有十年多的时间。追溯它遥远的前身，同样的一方水土，曾经在怎样的沉睡中荒芜了上千年，尽管经过20世纪五六十年代的围垦，滩涂还是那样的落寞，漫长海岸的黄金色泽黯然掩藏！

时代一度遗忘了闽东的海洋，而海洋遗忘了这座城市。

1997年，对东侨而言是个金色的年份。以此为分界，从这一年起，东侨每行进的一步，都在创造历史，书写历史。

这是面向大海，铸造新城的历史。

如今，新城铸造，格局已成，临海亲湖的身姿渐次突显。

东侨的斑斓色彩，正与旭日初升的光芒辉映交融。

规划馆中，呈现在你眼前的沙盘模型，图景迷人。东侨正向着更大的范围敞开。这里广阔的空间，预留给你更多的期待。

这时候，你驻足宁德汽车南站。不久之后，在这里，第一辆班车将出站和进站，第一声迎送旅客的喇叭就会鸣响。此刻，2008年7月底的某一天，你看到，候车大厅成排的靠背椅还裹着塑膜包装，正静静地等待被揭去的一刻。

东侨，将接连诞生新的历史性纪录。

面对这个从海平面上升起的新城，面对这个山、海、川、岛、湖、港多元素聚合的新城，你的想象会抵达何方？

而大海已从记忆的深处苏醒，牢牢铭记了那岸上金黄色的名字——环三都澳西畔的诗意之城——

东侨！

海岸诗篇

从 1998 年 10 大项目破土动工至今，10 多年的时间，东侨的建筑层出不穷，未有止境。在这片土地上，脚手架越爬越高，挖掘机永不停息，升降机繁忙不已。这里的楼房与花草树木一同生长。而许多大楼的根部，还带着泥土和沙石，施工正在进行之中。

走过一个个小区，出现在你视野的，是高楼广厦，茂林修竹，小桥流水人家。沿途，鲜花在骄阳中盛开，游鱼向你传递着快乐。你可以用东侨来比照勒·柯布西耶关于新建筑的描述：“这些塔楼之间的距离很大……它们留下大片空地，把充满噪音和高速交通的干道推向远方。塔楼跟前展开了花园；满城都是绿色。塔楼沿宽阔的林荫道排列。这才真正称得上我们时代的建筑。”

此间真正的诗人，不是杜甫那样的苦吟者，而是工程师和建筑工人。遍地矗立的高楼大厦，就是诗行排列。那建筑意象，让人目不暇接。圆柱体的艺术馆、线条流畅的会展中心、别墅风情的三都澳宾馆，以及成批量生产的各种型号的住宅，都各有各的体块、立面和色彩，透着时尚、现代的气息。金域兰湾，海滨壹号……不同的房地产公司，互相竞秀，奉献给你不同的楼盘。

可以说，是崭新的建筑，造就了崭新的东侨。

那些新命名的道路，你还来不及熟悉。你在海湾新城的穿行，可能暂时失去判断。那么，就请你站在另一侧海岸，远眺东侨：

那建筑，那城，背靠青山，面朝湖海，是多么优美的诗行，多么华丽的诗篇！

江南画卷

四围青山，一湾好水，满城绿树，楼厦如林，湖光山色映带着碧海蓝天，金马海堤、二十五孔桥内外帆影点点，天然良港巨轮扬波……

这就是海湾新城，这就是东侨。

当你穿越那些绿树浓荫，当你踏遍它水陆交错的版图，当你从每一条通衢大道抵达它的纵深，当你的步伐向更新的地域迈进，你会发现，海湾新城，也是园林之城。

驱车行驶，窗外是江南的画卷，是21世纪的底色，是东侨原创的山水城郭。花开草绿，蝶舞虫鸣。那一排排朝气蓬勃的树木，迎接着最热烈的夏天。此时，你站在5天后就要投入使用的行政服务大厅，一阵阵自然的风，带着海的密语，告诉你心旷神怡的韵味。

你行走华侨新村，据称这里的住房是全国最好的侨居房。你看到，那些街坊邻里相聚在宽阔的公共活动场所，悠闲地聊天。老人执扇纳凉，孩童争抢着滑板车追逐嬉戏……这的确是安居之所。如果你熟悉这片土地的过往，荒滩、围垦、难侨，这样的词汇就会在你的脑海中闪回东湖塘的旧影，你会更加惊诧沧海桑田的巨变，眼前的一切，竟如此陌生。

先锋广场，南、北岸景观公园，塔山、龟山、大门山公园，这些属于每个市民的公共空间，彼此呼应，蔚为大观。看看那迎着晨曦打太极的人，那跑步健身的人，那披着夜色漫步的人，那倚栏观海的人，那观景台上远眺的人，那桥上垂钓的人……海湾城市安然优雅、诗意栖居的日常图景，如此交叠展现。

你置身东侨的临湖左海的地带，放眼畅望，海天空阔。

你目睹成群飞翔的白鹭，那掠天的密集的羽翅，飞舞于城市之上。不，那不只是白鹭的飞翔，那是城市之梦的飞翔。这天然的大手笔，惊现的是江南画卷中失传已久的翔鹭图，是福祉之地祥和、诗意的升腾！

永远的新城

你希望，在这片土地上写下的所有诗行，不是一时的绚烂，而是耐久持续的美学。

时间，将追加这座新城的价值。

一百年后，海湾新城老了，老得历久弥新，东侨它拥有了时间长度和历史厚度。那时候，将会有另外一些人站在海岸之上，眺望更远的大海，指点江山，回眸一顾。

上升的家园

钟而赞

一

这片广阔的海垦平原叫店下洋，西、南、北三面与山接，东面是数道修筑于不同年代的塘沽，起始于北端的蚶澳塘，先是往正南，然后往东南折转方向，形成绵延数里的拦海长堤。堤内平畴万亩，每年夏秋两季，稻浪浩荡，稻香浓郁，成就了店下镇“福鼎米粮仓”的美名。

海堤，在我的家乡被称为塘沽。塘，在我的印象里，似乎只是一方不小的水池，所谓池塘，大概就是这个意思。作为蓄水灌溉的水利工程，至迟在春秋时，它便出现在中国人的视野里。《国语·周语》说：“陂塘污庳，

以钟其美。”意思就是在低洼处蓄水为陂为塘，使之造福于民。陂塘同义，也常常连用，也就是我们今天的水库。大自然有自己的脾气，不高兴的年头，寒暑失时晴雨失度，或旱或涝，叫靠天吃饭的农民和农业怎么办？人类善于体天格物，摸到大自然的脾气发作与否、程度如何自有规律，想出了筑陂筑塘的办法，今天看起来似乎平淡无奇，但在两千多年前甚至更早之前，说是伟大的创造一点也不为过。

塘的吐纳川流、蓄水灌溉功能必然结成的一个硕果，是一方或大或小的良田。我想到了安徽寿县的安丰塘，它还有另一个名称，叫芍陂，最初的修筑年份在距今2600年前的春秋前期，主持这项浩大水利工程的人叫孙叔敖，一生以两大贡献留名青史，一是作为宰相辅佐楚庄王成就霸业，另一项，就是修建了芍陂。百姓未必记得住他的文治武功，但记住了他为解决人们穿衣吃饭生存发展问题所付出的心血。百姓自发在当地建祠立碑，岁月祭祀，将之神化为具有无穷伟力的上天人物。史书记载安丰塘初建时“周百二十里”，又经历代修葺扩建，持续两千多年造福一方百姓，被称为“天下第一塘”。

如果说水库型的陂塘并不直接造就一方田园，那么肇始于汉兴盛于唐宋并贯穿元明清至近现代的轰轰烈烈的海塘工程，在我看来，它核心的现实意义，一是防潮，二就是造田。人口自北向南迁徙，大批量涌入东南沿海地区，人多地少的矛盾日益突出。人们把目光投向大海，盯住那些港汊、滩涂、浅海，以成年累月之功千辛万苦筑就一道道土夯石砌的海堤，拢起一方海域，沥干，淡化，平整，耕耘，成良田，聚人烟，一方方新田园由此开辟，一座座村庄城邑由此形成。

或许，这里的塘，最初词义，就是堤坝，然而当它融入人们安身立命安家乐业的梦想时，又岂止是一条堤坝的概念？在我的家乡，塘的意义指向明确，蚶澳塘、西岐塘、屿前塘、江夏塘、店下塘、玉岐塘、金竹湾塘、城门仔塘、福安塘……人们用塘来命名一方田园或一个村庄，也扩展、升华了塘的内涵：塘，就是丰衣足食的家园。

二

东湖塘是另一个海塘工程。然而它和别处的塘不一样，它是华侨农场，是迎接安置归国华侨的新家园。

我对东湖塘并不陌生，20 世纪 80 年代到宁德求学，曾与它有过近距离的接触。当时因为年少，不太善于体察身边风物人情，对近在咫尺的东湖塘没留下多少印象。现在回想起来，除了一片广阔的田园，两列木麻黄夹峙护卫着通往金蛇头的乡村公路，要说特别，是房前屋后渠旁路边那些枝叶肥大、绿得夸张的芭蕉。在闽东，芭蕉是一种外来、后来的植物，既然并非本土，在以传统植物为主栽品种的年代，自然非寻常可见。

想到 20 世纪五六十年代掀起的海外华侨归国潮。回国，一部分华侨是怀揣美好的憧憬，渴望在建设新中国的伟业中奉献自己的一分力量，而更多的是因为被迫。其时，东南亚各国掀起一股排华恶风，数以百万计的中国海外侨胞生命财产受到严重威胁。新生的共和国没有遗忘更不肯抛弃这些流落异国他乡的子女，就像母亲无论如何也不可能丢弃子女一样。百业待举、国力维艰之时，其决然向海外儿女敞开怀抱，伸出双手把一个个侨胞接回来。于是，一个个专门为安置归侨的农场诞生了，它们有一个共同的名称：华侨农场。它们是流落避难归国的侨胞们的新家园，它们生动地、富有说服力地诠释着祖国的母爱，它们又远远超越了家园的概念，因为在新家园里，融入的是广大而厚重的国家情怀。

又想到广泛分布于闽东沿海地区的那些元明时代的石城堡。如果说塘所圈定的良田寄托着对富庶的希望，那么修筑城堡的良苦用心当然在于护卫一村一邑的平安。当年，这一个个为抗倭而筑的城堡，大多由村民自发兴建，它的现实目的是为了保家，却也是为了卫国，是卫国力量的重要组成。中国人很早就理清了家与国的关系，所以才有了国家这个结构稳固的词语，以及“天下兴亡，匹夫有责”的自觉声音。

再想到 2012 年利比亚撤侨行动。无论是 20 世纪五六十年代迎接安置归侨，还是利比亚撤侨行动，都是保护人民安全的国家意志的体现。在祖国的土地上最安全！你听，从利比亚归来的人们，他们跨进国门踏上国土时喊出的声音多么欣慰——

我们回家了！

三

乘坐观光电梯直上十六层，眼前这处园林式的社区叫三盛海德公园。

花木扶疏，假山清池，一幢幢新型时尚住宅楼错落其中。楼群倚山望海，造型别致，内装讲究，统一中有差异，共性中存个性，与清雅的环境相辅相成，把新时代追求宜居的理念诠释得淋漓尽致。

站在电梯出口与公园入口上下左右皆通透的天桥上，繁华绚丽的新城区，以东湖为中心的立体化城市景观，远处的金马海堤和见证沧桑的拦潮排洪闸门二十五孔桥，仿佛穿越时空的高速公路、高速铁路，一一收入眼帘。频频来往于宁德福鼎之间，每次都是行色匆匆，车窗外是一个簇新的陌生城市，脑子里偶尔浮现出当年东湖塘华侨农场村居农耕的情景，却并不在意。是的，东侨是需要用心去看去听去闻、去品去思去悟；需要放飞思绪放飞情怀，在过去、现在和未来之间回旋反复，你才能读深读透这一方新家园，你才能读懂一代一代人上升的梦想和不屈不挠、砥砺向前的脚步，读懂时代铿锵前行的内在脉搏律动，你才能读懂匍匐在地面上的人们始终向上的目光和心灵。

东侨的朋友领着我们在城区流连。街衢宽坦，草木成荫，楼群秀拔明丽，人们的生活繁忙而闲适、宁馨而乐观。如果把北岸、塔山、南岸三公园比作东侨新区身上的三颗翡翠，那么，波光潋滟的东湖就是镶嵌在东侨胸前

的一颗蓝宝石，蓝莹莹的光华直往金蛇头往大海流淌。这一座依湖临海的新城，曾经是一片浅海滩涂，是一方生长粮食的田野，现在，是一个百业方兴、新楼栉比、人居生活与生态风景水乳交融的新家园。

我又一次把目光投向东湖。从咸涩的海水到清淡的湖水，人们珍爱它，最初大概源于它满足了万亩农田的灌溉和人畜用水的需要。今天，它已成为国家湿地公园，人们珍爱它，是因为它涵养了一方生态，满足了人与自然和谐相处、人居环境生态化的追求。当你在湖边漫步，两岸草木繁茂，眼前是一派清凌凌的湖水，是水边摇曳生姿的青青水草，是草丛中浅唱低吟的虫鸣，这时有数只毛羽洁白的白鹭扑腾腾从草丛中飞出来，优雅地在水面上滑行，停栖在水中的某处小屿，而你，也一定是这幅美好图景中一部分。

你不由自主地往来时的路回望：从东湖塘华侨农场，到东侨经济技术开发区，从城郊乡村到繁荣昌盛、面貌昳丽的城市新区，10 多年间只不过是一尺一寸的河段，而景象已然翻天覆地。这样的对比赐予你的，一定是激情和豪气。你有理由相信，10 年后，30 年后，50 年后……东侨，这方坚持上升的土地，继续演绎着把家园的新梦想化为现实图景的情节，继续演绎着人的新追求、新创造、新惊喜、新生活。

浩浩乎东湖

冯文喜

一

东湖，是山海交汇处的一颗璀璨明珠。历史上，东湖在古宁德城东，如今，东湖在新宁德城东。区域划分，地名更改，古宁德改称蕉城，东湖这一带称东侨，统归于辖区更大、级别更高的宁德市管辖。

2015 年 3 月，我们到东侨参加文学采风活动，亲身感受着古东湖的华丽转变。走在新东侨的街道、公园、湖畔，我们的第一感觉就是城市因东湖而美丽、娇艳。

东湖公园是这里的核心水域，湖面开阔，景色宜人。目光由近及远，彼岸的一丛丛楼盘，被安排得错落有致，尽是湖光山影的主要版面。

靠海的那一端，更是极目之处。海面上跨越一座高架桥，阳光下，银白色的“和谐号”动车，加速推进了它的旅程。我还要补充一句，这里的春天来得早来得勤，气温一下子被提高了许多，到了春分时节，湖岸已是桃红柳绿、莺歌燕哢。

古东湖是有人文的，细心的人们注意到了，东湖那波底深处曾堆积过一段厚重的历史。

这样的城市，在当今的建设大潮中，因有底蕴、有人文，就不会轻易迷失方向。那些沉着的过往，古为今用，大放异彩！

有了东湖人文的滋养，这里像是获得了充足的养分，变得非同寻常的靓丽。我们感叹时间还是短暂了点，没有足够的闲暇让我再去了解东湖的方方面面，或者再一次抵临并坐下来，靠近水边，凭栏眺望，看风生水起，看烟波浩渺。

一切都变得细腻，一缕阳光穿过还来不及浓郁的树丛打在嫩叶上，柔和、靓丽。为那些踏青采春者，作了生动的背景。

二

东湖的魅力就在于这一塘波光粼粼的水，就是这一汪洋大海般的东湖水。东湖原来的名称叫“东陂”，陂就是池塘，标注的地名最早见载于明嘉靖朝的《宁德县志》县城版图上，处于旧县城东门外的东南之地，延伸出去就是沿海区域，与三都澳区相连。

东陂水来自两条山涧中的淡水，一条是绕过城南的南门溪，另一条是绕过城北的蓝田溪，在城东门前又与潮汐带动下的海水交汇形成天然湖泊，或者说是深深的海湾。清代浙江秀水人杜臻在《粤闽巡视纪略》中称之为“三江洋”，当其口处的大岛，即三都岛。可见自古以来，宁德就是闽地沿海的重要门户。

由东湖的基础上开发而成的东侨，居于宁德中心城市东部，与蕉城区紧密相连，北与金涵乡、七都镇交接，东北接壤漳湾镇，东南临三都澳，南、西南与城南镇相接。一头连着山，一头连着海，可以说，东侨是头枕起伏山峦，涛声从梦里传来。

历经大浪淘沙，东侨大刀阔斧地干起来，东湖更是治理得井井有条。东湖泱泱，它的历史缓缓流过。它沧海桑田的变化，可让我们从中体会到建设者的襟怀与伟略。

“东湖品臻”处在大门山边，对岸就是风光如画的塔山公园。这里是东湖建筑设计的一个典型，我们走进这样前卫的楼房，感受这里的宜居所在，也不断品读建设者的选择与智慧。选择在东湖，就是选择“千峰阅尽，品尚归臻”的境界。吸引我们的，还有它那深藏不露的建筑哲学，品臻有一句话能打动人们：“运用中式传统的线条，沉静的深褐与岗石雕刻图纹，交织天空的蓝，有湖水的绿。”

在东湖，会让人明白，选择是如此重要。与品臻相邻的是龟山，仅一水之间，开辟形成的东湖公园，风景如画，游人如织。

距离现在东湖南岸公园不远的是金蛇山、贵岐山。从金蛇头修筑一条海堤到马山与鳌江间，区内则是现在的所谓东湖塘。

这里这么多个关于山的名字，在原有的版图上则称为“屿”，即海中小岛之意，城东外，从左至右，有酒屿、金瓯屿、猴毛屿等。酒屿即塔山，金瓯屿即大门山，还有大小金崎、橄榄屿等，形成宁德的第一屿链，志书上称其为“县城牙卫”，金蛇山、贵岐山、仙人笠、勒马山等，则形成第二屿链。

如果把一座城池喻为月亮，那么这些岛屿就是星星，东湖碧水蓝空，所谓“众星拱月”的境地，无非就是这般。

三

东湖除了自然造化之外，也凝聚了建设者的智慧，且是历史积淀的成果。

志书记载，宋淳祐九年（1249 年），宁德行政长官李泽民倡筑东湖堤二百余丈，周长九百五十丈，他成了治理东陂第一人。堤成，旱涝保收，鱼米丰足，安居乐业。为了感恩这个功绩，百姓将堤命名为“李公堤”，这与杭州西湖的“苏公堤”有着同等的美誉，都是民心工程，后人牢牢记住了造福一方的地方长官。不幸的是，李公堤在后来的一次次飓风狂澜的攻击下，终于崩堤。

明嘉靖、万历时期，地方官员陈褒、舒应元都把筑堤这件事摆上议事日程，尤其是本地人陈瑄，拟定了治理东湖的规划书，叫《东湖议》，还设计了兴工方略，对东湖塍基、潦门、港门、坝门、坝塍等作了详细的施工策划。遗憾的是，这份报告终因长官变故、财力制约，没有得到实施。

到清代，情况有了好转。乾隆年间，在徐兆麒等历届行政长官主持下，东湖又得到治理，筑古溪、门前、猴毛、佛塔等四个海堤，共八百一十六丈，酒屿、蓝岫各设一个潦门。

东湖范围起自附马塘，历酒屿，联猴毛屿，延伸到蓝岫。而后，受潮水影响，尤其是台风的冲击，海堤屡筑屡圮。福宁府郡守李拔作了《请修东湖议略》；清代修撰宁德县志的张君宾也说：“然湖断断不可不修之！”表明了对治理东湖的忧虑与远见。

东湖旖旎的滨海风光，历来倍受传颂，文人墨客到此吟咏，留下不少诗篇。

明代评选“宁川十景”，这里的湖与屿占了两处，一处是“东湖汇绿”，另一处是“酒屿春融”。邑人林保童有诗《东湖汇绿》：“扶桑影里浩悠悠，几度拖兰醮碧油。一顷波开金镜晓，满湖光贮玉壶秋。潮声来往空淘汰，山色低昂自漾浮。千古李侯遗址在，于今谁足继风流？”描绘了人与自然和谐的景象，诗人看潮汐变化，气象万千。

这里也是凭吊的去处，“李侯遗址”当指“李公堤”，受台风、暴雨等自然灾害的破坏，海堤几度绝口，但从民生方面考虑，诗人感叹，谁又能紧随李公的步伐，再做惠泽民众的善举！

同样留心民瘼的，还有道光年间的谢章铤。他泛舟湖上，有感而发，写下《题东湖醉月图为蔡笏山作》：“湖田可耕迹已芜，潮痕来去终模糊。即此已悟盈亏理，伤今吊古胡为乎。”因景兴怀，也是他关心民生的自然流露。他还擅长水墨，有画作“东湖醉月图”，后刊印成册，即《东湖醉月集》。

民国时期，写东湖美景的也大有人在，其中以《东湖帆影》为诗题的有王大韶、周作翰、吴熙珍等人。所有这些诗篇，都是东湖最为浓墨重彩的一笔。

现在的宁德人深切体味东湖的自然与人文带来的无限魅力，人们正广泛认同、传承和提升东湖人文。围海造田后，湖塘仍然保留。东湖御品、仕林东湖、东湖品臻、君裕东湖等一批名号东湖的楼盘，都借湖大做文章。人们正是从灵瑞塔那样的建筑中感受到塔山的分量，故一眼就认识到东侨建设的品位与高度！

人文内涵，就能给人留下非一般的印象！合理开发，艺术建设，让传

统人文在这里迸发，就是东侨的魅力所在！

未来的东湖更有和谐融合的姿态与空间，就是在山、湖、海的交汇中，抓住发展机遇，发挥区位优势，展望沿海经济发展宏图，开辟文化交流的大通道。她将以更开放态势，乘风破浪，自觉融入“21世纪海上丝绸之路”的海峡经济建设中。

继往开来，浩浩乎东湖！梦在前方！

抹不掉心中的东侨

叶明祥

故乡，是每个人生命和灵魂的母地，就像一股不竭的清泉流淌在每个人的心田。我的家在东侨，这片热土，牵挂着我的情怀，萦系着我的魂梦，激荡着我的思绪。

在省城文学界工作的A友，闽南人，每次榕城照面，他总要对同事介绍："这是我的好友，闽东的山哈客……"那种俨然的神情和庄重的举止，让我既感动又尴尬，明明是沿海的，却说是山里来的。前些日子，应我之邀A友来到宁德，入宿山水大酒店，我带他在东侨逛了一圈。返榕后，他发来一个帖子："叶兄，东侨一聚，终生难忘。你拥有一方无法计量的好

水土，塔影洄波、东湖映月、蓊郁花繁、鸥翔鹭展，天伦合一、无尽前锦。当我踏上这片热土，心便为之起伏澎湃，情便为之婉转百肠，身甘为之卑躬屈膝。数日来，思绪不断，抹不掉心中的东侨啊！今后再也不敢称叶兄为山哈客了……”此行，居然改变了 A 友对闽东的偏见，一种故乡的自豪感油然而生。

那日，我与 A 友驱车上了塔山。登上如意塔，清风拂面，沁人心脾，碧水蓝天，心旷神怡。极目远眺，一栋栋楼房、厂房拔地而起，鳞次栉比，

一派生机；高速公路、跨海铁路大桥南北贯通，虹吞山河，一展雄姿。堤内东湖，波光粼粼，鹭鸟飞翔；堤外大海，轻舟棹影、云雾绕岛。东湖豪门、海滨一号、东城国际、金港名都、金域兰湾、君裕东湖等一片片充满现代气息的住宅新区，尽收眼底。

我告诉A友，塔山原是一座孤岛，四周海水茫茫。从南宋淳祐八年（1248年）开始筑堤围海造田，历经数十代的艰辛，屡建屡决，终因“屿口更澜，聚啸悲连，泉咽溪头，雨暗旅魂，愁锁江烟”（清乾隆版《宁德县志》）

而失败告终。1958 年，人民政府为民解忧，一声令下，近万名劳力海边安营扎寨，以精卫填海的壮举，疏港筑堤，拦波截浪，奋战多年，筑就金马海堤，建成25孔大型排洪闸，围垦2万余亩，实现了沧海桑田的梦想。从此，东湖成了宁德人民的衣食之湖、希望之湖。1965 年，在此建立东湖塘华侨农场，安置了大批东南亚归难侨。1997 年，省政府批准在华侨农场一带设立东侨经济开发区，由此，地方党委政府率领人民纳民众之贤、集智慧之策，万箭齐发、千帆奋举、百舸争流，创造出一条东侨发展的成功之路。弹指挥间，东侨似一条巨龙在海西东北翼腾空跃起，成为镶嵌在海湾之滨的一颗璀璨明珠。“东侨速度”，成为宁德人民骄傲的旋律。

塔山下来，我和 A 友参观了市规划展示馆，领略了南岸和北岸景观。在展示馆，面对环三都澳发展战略的宏伟蓝图，A 友赞不绝口。展示馆出来，已近黄昏，且刚刚雨过天晴，太阳从云缝里洒下清辉，四周都染上了绯红。A 友提出要看看归侨安居楼。为了珍惜这雨后的清亮，我们匆匆浏览了北岸景观与会展中心、艺术中心后，便直奔湖的南岸。来到南岸景观公园，眼前湖面宽阔，浩浩渺渺，细细的波纹被红霞染得像一匹彩缎铺向北岸绿荫中若隐若现的三都澳迎宾馆。湖水一漾一漾地泛着金光，亮丽、耀眼。微风过处，一股清凉凉的感觉浸遍全身，大有“虹销雨霁，彩彻云衢，落霞与孤鹜齐飞，秋水共长天一色”的诗境。顺着湖畔绵长的林荫道，游人穿梭往来，个个悠闲自得。林丛中隐约传来小提琴声，逆风寻去，一个孩童的身影嵌在湖畔的棕榈间，对着东湖，他专心地拉奏着，不远处站着他那年轻的父母。夕阳、彩霞、金湖、绿树、稚童，晚风送来的一个个跳动的音符，撩拨着游人的魂梦，点缀着东湖醉人的气韵。新建的归侨安居楼依着公园，共有 700 多套住房，其规模宏大，俨似一座新城。来到安居楼社区，A 友立即与归侨攀谈起来，喜悦之情溢于言表。离开时，A 友发出由衷的感慨：“叶兄，我也是侨眷啊。东侨实在太美了。看来，我要移居宁德了。”

未知何时，一轮皎洁的明月悄悄爬上了东湖上空，夜色中晶莹剔透的如意塔显得格外娇美。饭后，我与 A 友沿着闽东路、宁川路散步闲聊，无所不谈。从隋朝谏议大夫黄鞠先生开山凿洞兴修水利的壮举、南宋爱国诗人陆游主簿宁德浦源折荔的故事、明代刑部尚书林聪巧谏皇帝的趣闻、抗倭名将戚继光“但愿海波平”的横屿经典之战，到近代中国世界语鼻祖林振翰先生著书立学的佚事以及我军技术侦察工作的开创者和卓越领导者——“无名英雄”蔡威烈士的感人事迹；从中国佛教名山的支提寺、三十六洞天之首的霍童山、麒麟山下的中华畲族宫，到郭沫若先生赋诗赞誉的世界良港三都澳；从遐迩闻名的大黄鱼与二都蚶、茉莉飘香的天山绿茶与九都枇杷，到“妃子笑”美誉的晚熟荔枝与八都龙眼；从中国工农红军闽东独立师的创立，到叶飞、陶铸、邓子恢、曾志等老一辈无产阶级革命家在宁德开展革命斗争的光辉历史；从东侨的崛起，到“未来新香港”——海湾新城的憧憬……话语不绝，侃侃而谈，不知不觉已是月挂中天了。此时，远处传来阵阵优雅的舞曲声，循声望去，前方灯光炫耀，人潮涌动，随着明快的旋律节奏，一对对舞伴步履轻盈，翩翩起舞。A 友甩开我疾步而去，渐渐地，他的身影消失在前方先锋广场的“舞池”中……

顿时，我的情思泉涌，耳际响起了 A 友的那句话：“抹不掉心中的东侨啊！”确实，故乡的魅力已深深嵌入友人生命的深处，同样也震撼着我的心灵。改革开放三十年，中华巨龙的腾飞已让世人瞩目。然而，东侨的崛起，不正是中华民族伟大复兴的一个小小缩影？祖国的繁荣、故乡的昌盛，不正是每一位炎黄子孙所期待的吗？

在我的心中，永远激荡着故乡的浪花。

从东侨到东侨的距离

林文钦

在我的眼中，从老东侨到新东侨，有一种距离，在多年的期望中。每次我这样期望时，似乎是在观察一个距离更远的东侨。宏大的深度开发蓝图，缜密细致的城市小区规划，发达的生活服务网络……这些期待，都在昭示社会的进步和民生的改善。

东侨，年轻而古老，说年轻，是因为成立开发区不过18个年头；说古老，是因为蜿蜒壮观的贝壳堤，风景如画的滨海湿地，历久弥新的战国刀币，都诉说着这片土地的沧海桑田、历史变迁；碧水蓝天，扶疏叠翠，楼宇鳞栉，色彩斑斓，展示着滨海绿城的现代气息。东侨区不大，如果开车，从塔山路到漳湾园区，或从闽东中路到金马南路，走走停停地不过半个小时。如今东侨交通四通八达，热情好客的东侨人接纳着东南西北客，让不大的城区演变为一个和谐的城市村。

1997年建区之初，城区人均住宅面积不足25平方米，而且主要集中在东侨农场一带，当时要是能住上一套楼房，那是多么的奢侈，更谈不上

城市的基础设施和载体功能了。当年有一场大雨，足以让东湖边的低洼地带顷刻成为泽国，深达一尺的积水多日不退……乘着改革开放的劲风，东侨人抓住机遇、顺势而为，夺得经济发展和城市建设一个又一个胜利。

在 2014 年宁德“6・16”招商节上，来自台湾基隆的老客商徐本生感慨地说：“从十多年前‘电常停，路不平，电话不灵，水常停’到现在的‘亮、宽、美、洁’，东侨每年都有新变化。”的确，经过 18 年的发展，东侨的城市基础设施实现了质的飞越，载体功能日臻完善，通讯快捷，电子信息发达；路网密布，雨排、污排管网设施完备；大气、水质优良，噪音、废弃物排放达标；垃圾填埋场和污水处理厂工程投入使用，市区绿化覆盖率逐年增加……如展开了一幅“城在海边，湖在城中”的优美城市画卷。

东侨良好的城市公共设施基础，提升了城市的承载力、吸引力和竞争力，成为客商云集的投资热土。从建区之初零星的企业到现在的产业集群，一座座拔地而起的现代化厂房，穿梭来往的物流，轰鸣不绝的机器，忙碌不停的生产线，时时都能触摸到工业经济飞速发展的跳动脉搏，感受到大项目推动大发展的热潮。

放眼东侨，城区建设从无到有、日新月异。民众的住房经历了砖瓦房、公寓楼、别墅楼的变迁。今天的东侨区内已是大楼林立、道路宽畅，成片的楼区配套设施齐全，净化水源源不断流入百姓家。不少居民已经享受到中等城市居民的生活水平，学生也在宽敞明亮的电教化教室里上课。

当你带着闲情在东侨的大街上漫步，随处可以买到你喜欢的报刊，累了可在路边石椅休憩，饿了随时可找到便捷的快餐饭店。但是，我知道，很多东侨的老百姓不愿意上街闲逛，他们生活中最不可缺少的一部分，是每天去东湖南岸景观休闲广场，那里会聚集市民独有的快乐。

就这么幸运，只要一踏进东侨，就会有许多幸福感觉从心底产生，可以感觉东侨现代化的发展步伐，可以聆听东侨古海岸的悠远的历史。从这个意义上看，东侨离东侨的距离很近又很远。

怎么看从东侨到东侨的距离，还有一个角度，那就是看它从过去到现在的巨变。

大小建筑工地，轰轰烈烈的挖掘机和脚手架，脚手架上的小旗子，太阳在头顶上威严地移动，一群寂静地飞过的鸽子……拆迁和重建，像在城市上空频繁吹响的起床号和冲锋号，而这种号角却在这里演变成了若干新的楼群、新的马路、新的公共设施。在这一过程中，东侨的市政建设也由单一的号角奏曲演变成了宏大的交响乐。

东侨在细微的变化中让历史脚步不断前行。每一个经典的城市开发区，都有属于这个时代的表达方式，就像东侨那些在历史中风化了的记忆，只要那些老东侨人闭上眼睛想象一下，那时的民房、街道，然后感慨历史的变迁和生活的幸福。

东侨正用自己的速度前进，乘着国家级经济技术开发区先行先试的东风，东侨人正用自己的汗水智慧让这片土地从辉煌走向辉煌。东侨，地域很小，时空却很大！

每每灯火斑斓时，我往往会从塔山凝望东侨新区，我看见过的，我还没有看见过的，从一些日子，到另一些日子，在我的视野里不断涌现，又渐渐退向城区一侧，直至城区的背后。记忆像电影胶片飞转了很久，但仍未转出这个熟悉又亲切的城市。

东侨，这世间经历的多少惊喜新奇，都被她大方地收存。对于这座新兴城市，你说她工业化，可又不乏现代人的温情；你说她小资，那也是天然的小资，露着一脸的时尚优雅。

回头看，我看见的是一个色调单一的东侨；再转头看，我看见的是另一个丰富多彩的东侨。

一座楼和一座城的诞生

诚　鹏

如果现在让我具体描述一下当时这座楼未盖之前的这块地貌，我还真有些说不清楚。倒不是因年龄增长出现记忆力退化现象，也不是没心没肺压根儿就没有在意，而是没有想到这里会在短短的十多年就有如此巨大的变化，遗憾当初没有留下一张照片作为比照，以至找不到往昔的一点痕迹。

这座位于东湖北岸的大楼，也是这地块上最早出现的一座大楼。十多年过去了，周围的楼群出雨后春笋，在好风好雨的时节，见风就高、见雨就壮，但这座虽然只有二十多米高、建筑面积一万多平方米的大楼，却成为这座城市的一个地标建筑，也成为这座城市人们的一个文化指向。

我说的这座大楼就是宁德市艺术馆大楼。当初，她孤零零地站在东湖塘华侨农场七星管区的土地上，无依无靠，就期盼着有毗邻的兄弟姐妹；如今，一大群如会展中心、规划馆、华尔道夫酒店、华庭小区、妇女儿童活动中心、图书馆、医院等建筑站在了她的前后左右。再远处，是动车站、师院新校区以及各个房地产的楼盘，还有宽阔的大道、临湖的公园。白天，扑翅的飞鸟穿梭其间；夜晚，璀璨的灯光相互照应。这里，吸纳着越来越多的财气，聚拢着越来越浓的人气。

但我还是对艺术馆情有独钟，就因为我见证了她的诞生和成长。1999年冬季，宁德地委、行署决定兴建一批文化设施，以提升宁德的文化品位和满足百姓的文化需求，其中就有艺术馆，而且是作为第一个文化项目来设计施工。选址几经推敲论证，最终选择了现在的位置。我作为建设方的基建办主任，从立项、选址伊始，就与这座楼结下了不解之缘。那时，这里全是农田，冬季的田野销声匿迹，只有白鹭、遗鸥、红嘴鸥等鸟儿起起落落、寻寻觅觅。在堆土填方的日子里，阳光成为热情的朋友，我们常常坐在如今成为北岸公园的草地上，望着澄碧宁静的湖水，遐想着这里即将发生的变化，毋庸置疑，这个变化的结果不亚于当年这里发生过的围海造田。

20 世纪末，通往宁德动车站和师范学院的闽东路还仅仅是个路胚，处于地基自然沉降阶段，蓝溪大桥也还没有修通，汽车只能小心翼翼地绕道走那条只通一辆车的便桥跨过兰溪。我们去施工现场，要么骑自行车在坑坑洼洼的路胚上颠簸；要么坐车到师范学校门口，然后沿着田埂抄近路步行。2000 年，艺术馆完成了征地后，开始填方。随着时间节点的确定，基础工程在有条不紊地进行，施工进度在保质保量中加快，在完成了填方、打桩、主体招标等一系列施工前期工作后，迎来了 11 月宁德撤地设市的日子，作为庆典的开工项目之一，宁德市艺术馆于 15 日举行奠基仪式。那天，天清气爽，工地上彩旗飘扬、气球高悬，一派欢腾的气象。完美的仪式之后，就是任重道远的主体施工。这可不是一件容易的事，难就难在资金存在着颇大的缺口，虽然前期从国家有关部委、省政府及省有关部门等渠道争取到几百万资金，但这远远不够。筹钱的事，我们无能为力，能做的就是把手头该做的事认真做好。

艺术馆大楼的建设确实因为经费问题而影响了施工进度。断断续续，在经过超期近两年的施工，终于在 2003 年 12 月完成了主体部分的施工，并于同年 12 月 26 日封顶大吉。这时，站在大楼的顶端四望，周围已经有许多的楼房或楼群拔地而起且后来居上。越来越多的房地产开发商看中了东侨这块黄金宝地，纷纷圈地造房。但我以为，一座有着大量私人性质房产而没有社会性质房产的城市，无疑是一个畸形的城市。市委、市政府领导了解了艺术馆建设现状，在市财力不宽裕的情况下，给艺术馆的后续工程投入了确保竣工和使用的大笔资金。在恢复施工时，我因为工作需要，卸去了基建办主任的职务，但因对这座倾注了心血的大楼，有着割舍不去的情愫。回想那风来雨去的艰辛岁月，从选择馆址、地块填方、大楼设计、队伍招标、建料采价、桩基施工、主体施工、外部装修、内部装修等各个环节，哪一项都是艰难地走过。作为一个和基建八竿子打不着边的文化人，我也学会了用专业术语和施工方讨论着一个又一个与基建相关的话题……

如今，艺术馆的投入使用也有好几个年头了。而她的周边也形成了互通有无、取长补短的建筑。这些建筑群中有很多是大型的公益性建筑，也正是这些是公益性的建筑给宁德百姓带来了更多的福祉。去年，艺术馆的姊妹楼——图书馆大楼也竣工并投入使用，而且在建设资金上也不像艺术馆那样捉襟见肘。当年规划的文化中心正在一步步实现，接着，还将有博物馆、大剧院等。在艺术馆里，人们流连于美术书法摄影文物等各个展厅，坐在剧场欣赏着惠民文化工程的文艺演出、聆听专家举办的精彩讲座……一座城市应有的文化品位和精神品质跃然突显。

不仅是艺术馆，而且有越来越多的新楼改变了这片地域的面貌。东侨作为一个大的建筑工地，按照城市的布局和规划，正一步步地大步迈进，十几年的光阴，就使一片十多平方公里焕然一新，一座现代的新城雏形已经形成。但东侨的高端大气，在于她从规划这座新城伊始，就把众多的公益项目摆在其中。如今，这里有文化中心、体育中心、广电中心；这里有最高的学府、最好的医院、最美的公园；这里有最集中的现代工业区；这里有最别致的“廊桥”动车站……正是有这些与百姓物质与精神需求密切相关的项目，使“宜居”和“宜业”这两个词组有了实实在在的注解。

还是回到艺术馆这座流淌过我汗水的大楼吧！当冬日阳光洒满大楼的时候，我又一次站在楼顶，端着一杯冒着热气的白毫银针，接受着轻微海风的轻抚，目光有如起落的白鹭。眼前那簇新的一座座大楼或者一片片楼群，其成长经历也一定如我有着切身体会的艺术馆大楼，作为一座城市的一个点、一条线，充满着梦想，充满这期望，然后，栉风沐雨、风雨兼程地成长、定型。点与点的对应，线与线的牵挂，使这座新城在不断扩容增大；点线结合，经天纬地，成就了这座新城的最初规划和最终目标。

艺术馆，你作为这片区域最早诞生的大楼，和我们一起，以物证的方式去见证这座新城一个个奇迹的诞生。

我曾经有过遗憾，就是没有留下以往的照片。如今，我有了一个愿望，就是希望更多的人把东侨的现在多角度地拍摄下来，记录这座新城的前世今生。

东湖二题

林立志

东湖往事

荒芜的一潭水，难驯的一潭水，那是老县志的记载，那是老照片的记忆。

古老的墨迹线条和发黄的纸，圈着那一潭水。仿佛那是个风和日丽的日子，周边的芦苇在摇曳，野鸭在游荡。又仿佛墨迹褪隐，阴云布满湖面，鱼潜鸭飞，风急浪涌，动魄惊心。

物随人动，人随物动。宋淳祐九年（1249年），县令李泽民打破对东湖的无为，“率僚佐及学官生徒，鸠工筑堤二百余丈，周九百五十余丈”。这就是宁德历史上有点名气的“李公堤”。李公堤在百年后毁于一次强大的台风，在东湖那漫长的岁月里，第一次见证了“人定胜天”的无奈。

无奈之后，便是沉寂。

沉寂之后，又是不甘寂寞，不甘无为。明嘉靖年间，颇有作为的卸任御史陈褒倡筑东湖，但这只是惊鸿一瞥，动议很快随着陈褒的离世而付诸东流。

不甘寂寞的还有明邑人陈琯。他趟着泥泞，亲临实地考察，精心测算，做着详尽的计划。然而，这份用银七千两的计划终因财力所困而束之高阁。

不甘寂寞的还有清乾隆年间的县令徐兆麟，他采用了陈琯的计划并组织实施万亩围垦工程，在屡超预算、费银达七万余两时终于围堰成功。但仅过两年，围堤在八月的大潮中崩塌，十多家的围垦者亦倾尽了锱财，长吁短叹淹没于东湖起起落落的潮汐中。草长莺飞，一片湖水荡漾着无奈的征服欲望和与海搏斗的热情。

此后的人们，再不敢有大的奢求大的作为，但胆大的围个百十把亩过上了家道殷实的生活。

然而，征服东湖似乎成为宁德人的夙愿。1958 年，围垦东湖的号角再次吹响，历时 7 年，期间曲折且不表述，至 1965 年 5 月，东湖围堰成功，围垦面积达两万多亩。现在围垦全部使用机械，技术上不存在多大的问题。但东湖的这个围垦，是靠人力和意志，虽然人胜了天，但代价还是十分沉重的，先后有七十余人在这里献出了宝贵的生命。

围垦后的东湖建成了华侨农场，4000 多名从印度尼西亚、越南等国回来的归侨、难侨安置于此。他们在海水刚刚退去的滩涂上，开田牧湖，栽树种稻，恋爱结婚，生儿育女，波浪不兴的东湖成了这些游子温馨的家园。

真正大有作为是 20 世纪末。东侨大开发，大变化，一个靓丽的新区、一个宜居的新区、一个与水和谐的新区拔地而起。在这从大海索要来的土地上，建成了人间天堂。四通八达的交通网络把东湖密密相连，鳞次栉比的高楼大厦把东湖紧紧环抱。人们在水中央的舞台上尽情地载歌载舞，人们在小桥流水间怡然地舒放情怀。

湖光潋滟的南岸北岸，雄心壮志的展览馆，飞架东湖的吊拉拱桥……这一切，都昭示着东湖越来越好的前景。

东湖风水

一段时间里，风水学说被列为封建迷信，颇为人所忌讳。前几年，韩国要将中医、周易申请为该国的“世界非物质文化遗产”，这刺痛了中国网民的敏感神经。风水依然和八字一样，成了中国文化的困惑。

但东湖还真得与风水相关。

唐朝著名风水师杨救贫风尘仆仆，一路寻“龙”，从江西寻到了宁德白鹤山。他是个“仙师”籍的人物，一眼就看出了宁德大有风水。他随口占了一首偈语，其中就提到了东湖。他说：“五马追金蛇，金蛇替（潜）海走。走！走！走！走到东湖口，白马把关守。谁人得此地，黄金论箩不论斗。”

这个秘密让一个夏姓祖先无意撞上了。于是，他在碧山“仙人跤迹”处建了一坛墓，以阔大的、众水汇集的东湖为明堂。从此，他生意兴隆，好运连连，5 个孩子先后都考中了进士，叫“兄弟五进士”。

当然，这只是个传说，不要太当真，好玩而已。也许，夏姓祖先娶了个好婆娘，懂得孟母三迁，家教很好，不让孩子玩游戏机，不让孩子早恋，孩子有自控能力而能“业精于学”罢了。这也是宁德土语“娘好好一串”的绝佳注脚。

风水承载先人“天人合一”的美好愿景，蕴含着中华民族朴素的世界观，似乎也暗合着“世界非物质文化遗产”的内涵。东湖风水好，不妨也可以作为建设人与环境的和谐之美的人文因素和人气旺盛的指数，以表对自然的诚敬之心，建设好东湖，保护好东湖。

东湖塘没有围墙

禾　源

一

1979年前，有围墙的建筑令人神往，我与同学常常会看着围墙，聊上许多。

围墙里的粮仓粮食到底有多少，有人说，可让我们全校一两百号人，吃上几年的白米饭。

山头那边围墙里是弹药仓库，墙上还加上电网（铁丝网），那里有好多的枪。

围墙里的干部家庭，娘全是叫妈妈，一家人之间也说普通话，真不一样。

……

我知道只要考上大学或中专，有了工作就能成为围墙里的人。

高考，我没被录取，只能望墙兴叹，一个地地道道的墙外人。为了生活，就在1979年9月，坐在装满旧木料车厢里，随木料到了宁德，与东湖塘有了谋面之缘。宁德的围墙比起我的县里来，多了好多。然而东湖塘周边除了宁德师范和地震局有围墙外，别的没有，一放眼可看得很远，几道马尾松的防风林好长好长，中间是大片的稻田，大片的甘蔗地，大片的海滩涂。

二

我的工地是在与东湖塘相对的古溪和后山之间的一块水田中，工程项目是承建宁德师专的木建工程。工地四周有了围墙，但此时我没有感受到围墙里他们的那种味道。

我的工作并不累，因为承包工程的是我邻居伯伯，他没念过多少年书，普通话讲不好，认的字也不多，但这里管工程的都是师专老师，与他们一打交道，邻居伯伯总要带上我，时不时为他当当翻译，同时兼任看材料和记工员。由于轻松，就有着足够的时间，看着对面的师范学校，想着围墙里的高中同学，目光和思绪日夜都在东湖塘的那片土地上徘徊。一天，两天，这片土地上的阡陌、沟渠悄悄地为我开通了一条向往围墙的通道。在这通道边，我看到了为稻田守水人忽明忽灭的烟头，听到他拍打蚊子的声音，听到甘蔗园中轻轻甜蜜沙沙声。我感动着东湖塘没有围墙，要不然我这墙外人哪敢点着星星，燃着月色，夜夜思走神行于东湖塘，走到师范学校的围墙边，窃听校园里的声音。

三

有位同学在师专读书，当时师专还没有自己的校园，寄在东湖边的师范学校里。他知道我在这做工，一个周末，从围墙里走出，带了一只试验课自制的收音器送给我，收音器由一个百雀灵盒子，几粒二极管和一个耳机，一条天线组合而成。他给我示范，把天线往路边的电杆一搭，把耳机往我耳朵一送，里面好听的声音，让我吃惊着他的聪明能干，更羡慕围墙内的世界，这个世界能让一个与我差不多的人变得与众不同。

我向他提出要求，带我看看围墙里的世界。周末，我走进了围墙。

高高白玉兰下的黑板报，图文并茂，比起高中时学校老师出的还漂亮；球场上背心号码印的特别大；女生的歌唱得好听。但这一切都围在围墙内，有围墙身份的人才能拥有，我像从一个梦幻世界醒来一样。东湖塘吹来的风，一声一阵，一阵数调，搅拌了我情绪，走在回程的沙石路上，我踢过马尾松，踢过路边的小石子，一脚下去，一声责骂：没用的东西，不去围墙里待着，搁在这路边，给我滚。石子落地，我的心也落地，划破和疼痛的心，大概只有没有围墙的东湖塘才能收留。

四

工地里的小徒弟迎着阳光在磨着刨刀、斧凿，师傅一边刷牙一边斜着眼看着徒弟，唰了口，便说上几句，每天差不多都是这样。我捧着书，走到工地外。天气晴朗，东湖塘边的校园看得非常清晰，清晰到像一块碑，一块佩在他们胸前的白白校徽。

身后传来羊的叫声，我没有回过头去，知道又是后山的那位牧羊姑娘。她常来工地玩，有时还会坐在我煮饭的灶口，帮助烧火，有时还会帮我换下的衣服拿到后山那条溪去洗。做工的师傅说那牧羊姑娘看上我。我想有可能是吧。但我连姓名还没告诉她，我告诉她的名字是乡村戏小孩的称谓，“八叉”（即父也）。她就“八叉，八叉”的叫着。我问她，东湖塘有多大，他们也住这样低矮的房屋，也放羊吗？

“你被东湖塘狐狸精迷了吧，一说话就是问东湖塘。这里是海边，海

风大，除了有围墙的单位房子，钢筋水泥，谁的房里都盖不高，你不要以为东湖塘就好，一切和我后山差不到哪。”

太阳晒得黑黑的牧羊姑娘，健康朴实，我相信她不会说假。但当时我并没有注意她的好，觉得她远不如围墙里的姑娘。

五

邻居伯伯一直交代，不能到离工地太远的地方玩，那样木料会被人偷卖了，但我还是禁不住的，隔三岔五，总向师范学校跑去，有时是沿着大公路拐着大弯到东湖塘，有时就沿着长长防风林，从东湖塘腹地穿行，过田野，过滩涂，跃沟渠，才到师范学校，这一个来回差不多就是一天。

我的行走没有明显目的，只不过是带心情去走走，也没有特意走快，心欲停我停，心行才行。会跟着挑着竹篓妇人后面，看着她用类似猪八戒钉耙的竹耙，一耙耙地把马尾松针叶耙成一堆，捧到篓中，走上一截路，她就收罗了两篓。此后看东湖塘的烟囱冒烟，想象锅里海鲜，我想他们煮着山风海韵。但这两篓针叶不知能煮出多少美味的佳肴。

慢步行走，路上的风景也就多了起来。挑柴禾是熟悉的山风，他们向城里吹，背篓的是陌生的海客，他们返回海边。他们一样不认识我，招呼，询问，都没我的份，我独自在一丛芭蕉林前坐下，等着一声召唤，可是来来往往就是没有一声言语丢下。头顶上芭蕉沙沙响个不停，我知道这声响不是因为我的入座，而是因为来往的风。没有围墙的东湖塘，就是这样，来风去风，无客无主，没有必要谁对谁说什么。

六

1980 年 9 月，我终于走进东湖塘中师范学校，成了一个有围墙身份的人，两年时间与东湖塘朝夕相处。东湖塘一茬茬的庄稼长出收割，成了我家乡的信风，耕种和收割的老农，是我父亲的兄弟。学校围墙外沙石路上被海潮赶着急趋唰唰的脚步，我听出了家乡赶鲜黄瓜鱼上市的故事。在这两年时间里，没有围墙的东湖塘接纳了由我带来的乡村里的故事，而且和东湖塘相处得非常和谐。

毕业回村子教书，我喜欢给学生们讲述围墙外东湖塘的故事：东湖塘里穿行的拖拉机，像车一样用方向盘，是推着斗前行；东湖塘边高高立着干扰电波的电杆群；东湖塘里种的花菜香脆可口；东湖塘出去就是海，海边可以拾到很多蝴螺，还可以捉到许多单螯蟹；东湖塘边还可以看到黑色甘蔗……学生们瞪得老大的眼睛，像是在探视东湖塘的神秘。

时间一天天地堆积，成了我记忆的厚土，没有围墙的东湖塘记忆，一天天长高长大，长成了一棵我一辈子的风水树。

七

记忆大树下的故事讲多了，我的孩子才上高中，就决意要到东湖塘边东侨实验中学去学习。凭着自己向往时的经验，觉得不该阻拦孩子的愿望。我对她说，你和我在同样的年龄与东湖塘结缘，同样因有向往到了宁德，不同的是，你是学习，我是做工。就这样送她到东侨实验中学。

几年情缘的东湖塘居然让我迷了路，曾经的一切，都被新的给替代了，没有围墙的东湖塘守不住当年的一点点模样。路比当年的操场还要宽，路中花带的鲜花艳得不染尘埃，高楼的玻璃墙为太阳光亮增加了灿烂。好在东湖塘在我记忆中是风水树，有着永远不会迷失的方向，在车水马龙的潮流里，我的方向没错，虽然多窜了几道门，但我没有懊恼，因为我知道了东湖塘成了东侨经济开发区的一部分，建了商业街，小区，文体活动的地方……孩子的选择也许是对的，在这里，她听到的不再是当年赶圩小跑的脚步声，而是高速路呼啸而过的汽车声，在这里看到的不再是一担担收罗针叶的竹篓，而是川流不息的车辆。这个没有围墙地方，曾经收容过我乡村带来的故事，现在收容的是海峡西岸经济繁荣圈最新版本——地球村和谐的故事。

欣慰中为孩子注了册，静心寻找着过去，可是一切都没有了，就像我上师范时去看那位后山姑娘一样，只有一些记忆，再也见不到她了。

一个人和一座城的光阴

刘岩生

一

我再次来到这里。

是苦夏行将撤离时节。我陪同三位来自不同省份的旅游界朋友在东侨北岸公园沿湖漫步。其时燥热隐退，山水祥宁，东湖和风让人心安。一位来自西安旅行社的大姐难掩好感：“来来往往，还是这地方有味道！”她同时问我，来到这里多少年了？

前后 20 多年。不加细算，我脱口而出。同时蓦然一惊：人生不长，迈过不惑之年就该接近半辈子了？而这味道，已然盘踞我有生近半的光阴？

百般况味各自品。在东侨，我常常会把往昔翻出来，晾着。那些细节遥不可及，却在心头频频浮现，并蒙太奇一般组接相衔，惹人思量。

二

我安身立命的第一学历是中专。这使得一脚迈向社会前的宁德师范三年校园时光有着熠熠闪亮的质地。1986 年，在闽东人的区域指认观念里，或许只有东湖塘而无东侨这个名词。当初中刚毕业的那个农家孩子按入学通知书的校址来到东湖塘五里亭时，我并没有如同父母期望中那样来到“外面的大天地”。那时这里仅是宁德小城外的一片郊野农地。大批东南亚归侨在此安家，农耕活跃、自给自足。高年级师兄们介绍的是，20 世纪 60 年代，数万人填海筑堤，用血汗将海水阻隔在长堤之外，于是有了宁德市郊的这万亩东湖塘；而后华侨农场在此成立，又分担着国家的忧难，安置着从印度尼西亚、马来西亚、越南等地数千归难华侨。学校应是坐落在这片被称为“东湖塘农场”的边缘地带。校园一墙之隔，是归侨们成排的石砌安置房。三三两两的芭蕉树簇拥着民房。晴天的傍晚出校门口散步，就能见归侨们坐在门口，摇着蒲扇纳凉，看电视，或者探头和一门之隔的邻家搭话。雨天，雨水簌簌滴落在低矮的石屋顶或芭蕉叶上，寥落而有韵味。那场景我过目难忘。

名曰五里亭，大抵缘于这里通城区的路长五里开外。初来乍到，我像个懵懂的孩子，常常在周末顺着这路步行进城买书，看电影，或者无所事事。依稀记得那段路，空旷而冷清。内侧是垃圾漂浮的环城河。外侧则是大片的农田菜地，菜农在劳作和收成，高可触云的高压线杆在田畴上投下长长的影子，标志着这里毕竟地处城市边缘。不过随后，三两饭铺或小卖摊点开设起来。最抢眼的，是一家我从来望而却步的冰厅。路过那门口时，我喜欢放慢脚步听里头传出来的流行歌曲，听完“你从哪里来，我的朋友？”也听“脚下的地在走 / 身边的水在流 / 可你却总是笑我 / 一无所有”。现在想过去，不知道是那歌还是那年月里人心的驿动让人玩味不已。

常常走的另一条路则与此背道相向。那是一条林荫浓密的砂石路。它通向田间地头，通向东湖入海口的二十四拱桥，也通向海边的金马海堤。那路，静谧而不乏人气。路两侧浓荫匝地的是密密麻麻的马尾松。晨昏里，总有晨读的、长跑的、骑自行车载着女生或暗暗早恋偶尔牵手的学生们活跃在这一带；也时有劳作的农民荷锄归来，或吹着欢快的响哨骑车路过，我能感觉到他们友善而亲切的笑脸。路在近邻校园段穿过大片鱼塘。无论白天黑夜，我喜欢在鱼塘横横竖竖的方块状塘坝上漫步。夏秋之交，被分割的鱼塘里总盛着一轮凉月。坐在塘坝上，蛙声虫鸣此起彼伏，还隐约能够听到校园琴房里传来的琴声。那亦远亦近、亦真亦幻的澄澈和声着实让人沉迷，可谓人间难得几回闻了。

记忆里不能或缺是东湖，因为那是学生时代我眼中的天堂。东湖塘的每一条路几乎都通向东湖畔。偌大湖面平滑澄澈、茫茫缈缈。芦苇荡随波绵延，鸥鹭翔集、扑簌簌起落其间。湖岸边则是绿草茵茵，也长着成片的木麻黄，如垂帘、如屏障、如长廊，微风过处树影摇曳，枝条倒垂入水，逐层的涟漪便漾开满湖妙趣了。那三年里，我最热衷的是借一辆自行车环东湖兜兜转转。我选修美术的时候背着画夹在那里写生，爱上文学的时候在那里背诵朦胧诗，落寞时候在那里一坐半天浮想联翩，直到湖面捕鱼人收网靠岸，两手空空的我跟在他们后面回来。我曾在一个深秋的周末黄昏伫立东湖畔。其时晚霞绚烂，碧空尚显，水鸟从草滩振翅起飞，逆光翱翔。五彩斑斓的景致惊艳地呈现出虚实之交立体之美。一时叹服，“落霞与孤鹜齐飞，秋水共长天一色”并不仅仅是《滕王阁序》里的绝唱了。

无法想象，没有东湖塘，那一茬人匆匆终结的校园生活会是怎样的记忆底色。行将毕业的1989年，就在这里，我和一群校园文学社成员痴迷上诗，并在诗歌里知道了舒婷、北岛和海子。几个月后，我没有想到那个满怀浪漫，在纯美梦境里温馨栖居着的诗人海子会英年弃世。但此后每每读到“面朝大海，春暖花开”的芬芳诗句，我是真的就会无端想起东湖塘。

三

蓦地，我的学生时代结束了。我回到自己的偏僻山乡指教三尺讲台。而后，结婚生子，改行，寻寻觅觅，得得失失。其间也偶回母校。1999年，毕业十年的同学聚会，再返宁德师范时，我惊觉这里已全然变了模样。母校已改弦更张，成为宁德市高级中学。往昔的良师诤友们如今已是你在河东，我在河西。聚首的我们向新一茬师生打探当年的楼房，人们一定拿诧异的目光看来，我发现自己成了陌生人。

陌生的还有这块地盘。其时，一个以东湖塘华侨农场的土地为基础，后来被冠以“福建东侨经济开发区”的全新城市功能区正在悄然打造。周遭开始拓路填土基建。小区楼房和公共建筑不断冒出。学生时代种种关于东湖塘的农耕记忆剩下飘忽的影子。一觉醒来，新的事物就这样向我们昭告着世象更迭，大有“人事有代谢，往来成古今”的态势。

揣摩不透的履历和变数不仅对于城，也对于人。有时甚至是自己。我做梦也不曾想到，有朝一日会以一个新闻人的身份重返故地，并久长地直面它。7 年前，我被自己供职的报社委派往东侨开发区记者站任负责人。官方口径里描述东侨说，这片总规划面积 16.7 平方公里的新城区肩负着拓展宁德中心城市的使命，将建成为宁德最具活力和发展潜力的区域。

7 年来，我在这里工作，也在这里生活。可谓和它须臾不离。我开着车穿梭在东侨的每一条路、每一座桥、每一个小区和每一处场馆间。我也会在某个制高点向下俯瞰，在晨曦或暮色中用眼睛抚摩东侨，辨认它。这座山水新城如今已被植入太多的新鲜元素，呈现出太多眩人耳目的气象。市政广场、大学城、会展中心、动车站、海德公园别墅群、金域蓝湾小区、东湖一品高层临湖楼盘，还有更多塔吊和起重巨臂在错落的不知名大工地上高耸伸缩……所有这些，无不以新潮的质地挑战着昔日的农耕旧貌，含

有对未来无限憧憬的巨大抢眼效应。

最新的一份采访记录是，东侨眼下已有人口超过6万，辖社区8个，小区数量达50多个，原先的归侨们现在只是其中的华侨新村社区居民。我有很多亲戚朋友都将他们的家、他们的事业迁落东侨。我也不断看到有后来者汇聚到这里。人们在这里出生、玩耍、上学、恋爱、谋生，甚至闲度晚年。生活和从业的气息此消彼长。这是个有钱人可以一掷千金买下一栋豪华别墅的城，也是个没钱人安分创业本色蜗居的城；这是个可以在会展中心里淘豪车、艺术中心里看晚会听音乐剧、家具城里买奢侈品、高档会所里品贵族宴、豪华酒吧里约会的城，也是可以开着低价平民车满街跑、南北岸公园欣赏街头舞、地摊上找便宜货、路边排挡随性喝酒划拳、彩虹桥上落寞踱步或相约吹海风的城。东侨是如此年轻，又如此包容。包容的新城给和它一样年轻的子民无穷机会——爱情、友谊、事业，或者安居的理想。

四

但吐故纳新太多的东侨也会牵扯我的失落。譬如绕行塔山脚下，我会

看到一些新建筑逼仄地拱在山脚，坚挺得不合时宜；譬如某个落日熔金的黄昏，某条阔达的新区公路上腾腾漫漫全是尘灰和机车轰鸣，让人难免生出逃遁的急切；譬如北岸景观公园一侧突兀地冒出一片商业游乐城，期间喷涌的高分贝声浪和寻刺激人群的喧噪，让人也让湿地水鸟断难安歇。城市在不断扩张中难以避免遭受创口，显露不谐一隅。为此惘然的我提不出该有什么更理想或完美的图景。但作为珍存了她美丽往昔的子民，我愿意相信，被扭曲的阵痛会在未来平息，浮华物象不会吞没那份美好底色。就如同我坚信东湖水系里潜藏着强大的自我净化能力。

东侨的底色是什么呢？扭头回望，我恍惚间领略得到它不曾沦落的乡土气息。

我不厌其烦细品一川东湖，两岸公园。这 3800 多亩面积的水域罩着深秋蒙蒙的气息，如今依然烟雨空灵，鸟翔鱼跃。山脚必有清波，水面必有树影。

我也曾在夕光里立身湖海之交的金马大堤，眺望金蛇山、塔山、大门山和东湖。这已然成为东侨标志性景观的“三山一水”依然静穆守护着这片土地。山光、水色、草木、云霞、鸥鹭甚至湖面轻舟和湖畔垂钓老者，仍是真实的存在。这尘外所及，既承载着我的往日印迹，也承载着当下的惬意。迷离却也熟悉，陌生却也亲近。湖起涟漪海正潮，我听到它们不安涌动，低沉回响。一座城的阅历也如人，必定藏着得与失，爱与梦，革故鼎新或波澜不惊。也许不懈求索也许壮志未酬，但那都是自己的历史。

那个黄昏，我独自在大堤上哼起毕业那年着迷过的《光阴的故事》：不再是旧日熟悉的我有着旧日狂热的梦 / 也不是旧日熟悉的你有着依然的笑容 / 流水它带走光阴的故事改变了我们……

无穷过往，都得接受光阴接受这改变。但一个人和一座城，就像一段经年的情缘。直到时光老去，你依然熟悉她的内里和曾经，她所有的沧桑历练；你依然丝丝缕缕迷恋着她的气度，她的无可攀比的气息。那么，这爱情便是久长的了。

待到白驹过隙，才明白：择一城到终老，不过生一场欢喜心。

长堤漫道越千年

杨秀芳

东湖长堤是有故事的。

每一个台风从海堤上呼啸飞旋、堤外巨浪掀起万丈狂澜时，你在敬畏自然之威猛的同时，还会无端地生出惊恐。若是横跨金蛇头与鳌江的金马海堤不胜风力，那么，高于堤内陆地的海水，将像无数猛兽不可遏制地直扑东侨甚至整座城市。然而，你的担心多余了。坚固的长堤把海水挡在了家园之外。

此刻，你站在金马海堤上。眼前，潮起潮落，海水在阳光下闪着蓝宝石光芒，无论它再怎么努力拍打堤岸，磐石如何也不肯打开一丝的缝隙。

你享受暖风与阳光的爱抚，不远处，不时有动车像白龙从海面飞驰而过。你还可以在海风的吹拂下，沉浸到有关长堤的历史故事中。且不提唐朝以前，海水泛滥成灾，百姓无奈而望洋兴叹。单说历史上有过记载的建堤故事，便可以打开东湖的漫漫过往。思接古今，勤劳勇敢的本土先民，从未放弃把海水赶远、向大海索取土地的决心。人与天斗，失败总是难免的，大堤屡建屡损，个中原因多为天灾亦有人患，故而也使人生出消极心态。清代解元朱景英回顾建堤史，感慨颇多。他在《筑堤行》诗中写下“纵使此堤幸有成，一线孤悬岂能久。堤不能久田升科，所犯更在成堤后。不知议筑东湖人，曾筹及此深长否？”他认为当时宁德经济极其落后，人力物力财力匮乏，草率发动修堤，即便修成也保持不了多久，而堤坝一旦崩溃，害苦的是百姓。他希望有修堤想法的人审慎行事，从长计议。虽然他的认识有主观偏激之嫌，但事实也说明筑堤乃艰难复杂之事。

然而，历史上不乏“明知山有虎，偏向虎山行”之人，历代主持或发

动修堤者大有人在。

宋淳祐年间由李泽民主持修建的“李公堤”，堪称海上建筑奇迹，它以酒屿为中心，南起洋尾驸塘，北联金鸥屿、猴毛屿至兰岫，“筑堤二百余丈，周九百五十余丈”造“水田毗连数十里，湖堤环带……历宋而元，居民富庶”，它历经两百多年风雨猛浪，守护东湖塘家园。百姓勤耕细种，生活安泰；土地肥沃，稻黍遍野；池塘水满，鱼虾争肥。可惜在明成化十九年（1483年）六月，一场史无前例的大海啸直扑东湖塘，李公堤全线崩溃。跟着李公堤消失的，还有大片盛开的油菜花，刚挂果的桃园、大大小小的鱼塘、粮草房屋、百姓苍生……这是一次几近灭顶的灾难，侥幸生还的百姓无家可归，他们只能在海边垒筑石屋，在山上开荒种植，到海里捕捞鱼虾，任由时间修复累累创伤。可是每当狂风卷着海水一次次肆无忌惮地扑向东湖塘时，人们还是希望能再次修筑长堤，让沧海回归桑田。

明代进士林保童在他的诗作《东湖汇绿》中写道：“扶桑影里浩悠悠，几度拖兰醮碧油。万顷波开金镜晓，满湖光贮玉壶秋。潮声来往空淘汰，山色低昂自漾浮。千古李侯遗址在，于今谁足继风流。”诗句既描绘东湖美景，又恳切呼唤筑堤之人再现今世。直到明嘉靖二十五年（1546年），广西御史陈褒告老还乡，回到宁德，踌躇满志要为乡亲做些好事。他力鼎重修白鹤岭古道，还亲自与“耆民”实地察看并撰写《募开南路记》一文，得到时任宁德知县叶稠的全力支持，古道于次年夏天全面开通。接着，陈褒又着手开始筑堤的举动。他全力以赴与同道之人反复商议筑堤最科学的方法。他认为筑堤绝非小事，不容丝毫马虎，常常坐着小船往返于东湖塘，测量规划，草拟筑堤方案……可惜壮志未酬，一场大病像不可预知的风浪，夺走了陈褒，筑堤再次化为泡影。

到了明万历十八年（1590年），为官清正的海南县令陈琯辞官回到宁德，他与当时宁德知县舒应元花一年多时间完成《宁德县志》的编撰事务。在此期间，他们时常相携登上高高的白鹤顶眺望东湖，或以手为笔，描绘着堤岸和家园；或以手杖为令，誓把桀骜不驯的海水赶回东海，在他们心中，构建起东湖塘的美好蓝图。陈琯在《东湖议》中阐述了筑堤的目的和意义，他总结历史经验，提出工程进展的具体做法步骤，以及工程费用和筑堤后“可以培富寿之源，可以发人文之奋，可以壮维城之固。”之好处。他们将建议申报福建省两院（按察使、布政使），请求审批。遗憾的是，舒应元匆匆卸任离开宁德，他们用心提出的详尽的筑堤计划就此搁置。

时光荏苒，人世更迭。到了清乾隆十三年（1748年），宁德乡贤名仕，以各种方式不断向宁德官府请求筑堤，并承诺若官府愿意主持修堤，他们愿意有钱出钱有力出力。宁德县令徐兆麟迫于民意，再加上他为官一任理当为黎民百姓谋福祉，遂拨七万银两支持修堤工作。很快，围堤工作如火如荼展开。他们在附马塘、酒屿、猴马屿、兰柚，筑堤4条，长816丈，设水闸2座。可是好景不长，清乾隆十九年（1754年），一场天文大潮气势汹汹而来，在猛烈的风浪袭击下，大堤轰然崩决。百姓非但没有因为大堤竣工过上富庶的生活，反之大难临头。回顾几百年修堤史，艰辛伴着血泪。朱维干先生在《福建史稿》中写道：“宁德县有东湖，宋代淳熙九年，筑有海堤，长二百余丈，到了明代中叶，沦为废迹。从乾隆十三年至十七年，拨出七万余两白银，以建筑新堤。到了十九年，完全被海潮冲倒，岂不是由负责修堤的三任知县，相继偷工减料？”此段文字，概括从宋朝至乾隆年间的修堤史，并一针见血指出溃堤既为天灾亦为人祸。

由此看来，工程腐败问题古已有之，只是后患于众生。清光绪年间，内阁中书谢章铤做客宁德，朋友陪他泛舟东湖，并向他介绍历朝东湖围堤状况，他心生感慨即兴写下“湖田可耕迹已芜，潮痕来去终模糊。即此已悟盈亏理，伤今吊古胡为乎。”的诗句，诗中表达了对东湖决堤，水淹良田的无奈。在他的另一首古风《题东湖醉月图》里，写道“君不见长江以南岁屡饥，骨肉痛苦委路歧。荒田草稗巢枭鸱，大官无计医疮痍。”在诗后还注有“宁本瘠地，失此百亩，岂小事乎？”之感慨。

此后的近两个世纪，宁德官民虽然从未放弃修筑东湖的念头，然而因生产力极其落后，再加上经济实力的不济，乡民开始改变大规模集资围垦的办法。一些商人、地主凭各自的能力开荒围塘。在新中国成立之前，东湖就像一块不规则的大饼，被随意切成几十块，再撒上个性化的佐料，出现了曲尺塘、白井塘、马山塘、下盘塘、宫前塘、附马塘等大大小小的几十个私人围塘。由于没有统一规划修建，每年仍不可避免遭台风等自然灾害的侵蚀，令人叫苦不迭。

新中国成立初期，敢于战天斗地的宁德儿女，怀着高昂的斗志，准备大规模围垦东湖。他们一心为公不计报酬，男女老少甚至全家齐上阵。据说仅 1958 年，每日奋战在筑堤一线的平均就有八千多人，出动民船四百多条。他们日夜奋战，各显神通，用最简单的工具最巧妙办法进行围堵。1960 年底，尽管人们食不果腹，但仍以顽强的意志，先后建成竹笠屿 4 孔水闸和金蛇头挡潮排涝25孔水闸各一座。由于当时国家经济特别困难，金马海堤暂时停工。又过了四年，根据省委领导指示，金马主海堤工程移交给侨务部门投资建设。有了较雄厚的资金支持，有了聪明智慧勤劳勇敢的劳动人民努力，第二年即完成大堤全长2760米的主体工程。他们从海里打捞出1.9万多亩土地，东湖终于被人类征服。

关于建堤的故事，像一幕幕历史影片在你的脑海里播放。你细细咀嚼，然后轻轻关上。转身远眺东侨新城，曾经沧海茫茫处，高楼林立、车水马龙、灯光闪耀……你临海凭风，长舒一口气，快意地从金马海堤上走过，缓缓地走向东侨的家……

前世今生西陂塘

李师江

五百年前，明朝，古田杉洋一个姓李的年轻人，有一天对夫人说：“此地人口过于密集，我们去找个地方拓荒去。”夫人说：“想想就累得慌，不去！”年轻人又说：“从此地往东海边走，既有田地可耕作，又可下滩涂捕捞海鲜，日子要比这里好多了。”夫人眼睛亮了，“海鲜？那走吧。”

两人走了几日，走到一处所在，南面依山，山不高，北面傍水，乃是群山包围一处海湾，潮起潮落，无声无息，日出之际，红光照着海面，如一面铜镜，名曰赤鉴湖。年轻人说：“就搁这儿住下吧。”夫人说：“给这地儿取个名字呗。”年轻人道：“这块坡地平缓开阔，面朝小海，春暖花开，足够建一个大村，以后我们的任务就是不断增加人口，搞得热热闹闹的，就名增坂。”夫人道：“欧耶，那就接着生娃呗。”

夫人生了三个儿子，女儿不知道几个，重男轻女吧，无记载。儿生孙，孙接力，一路繁衍，后来繁衍到四千人口的时候，也就有我了。那个拓荒的年轻人族谱上称之为榕波公，帅得不行。他的子孙们靠着后山的薄田山地，以及村前的西陂塘的海产，衍生出一个李姓的聚居地。

西陂塘，文人称之为赤鉴湖，退潮的时候，水流退至一条条港汊，远看宛如莲花盛开，为一美景。在我还不太记事的时候，妈妈几乎每天下来讨小海，就像现在每天去菜市场一样。最多的是蟛蜞，抓一篓子回来，倒在木桶里，蟛蜞如千军万马紧紧挨挨，有密恐症者绝对受不了。蟛蜞在清水洗干净，放在石臼里捣烂，用盐巴腌在陶罐里，要吃了就舀一碗出来，如果讲究点就加点酒糟之类，蒸熟，用以佐饭。这玩意儿偶尔吃觉得不错，挺能下饭，长年累月吃，那种咸腥味一闻就脑仁子疼。我小时候一上桌发

现又是这玩意儿，便满心失望，生无可恋。蟛蜞还有另一种做法，捣碎了揉在水里，用纱布把杂质过滤出来，把过滤出来的酱水烧开，凝结成一块块的，叫蟛蜞膏。这玩意儿好吃，其实是蟛蜞的肉汁部分。

讨小海，有时候会抓到青蟹，也就是蟳。煮熟了，把蟳钳子给小孩当零食，吃得满嘴腥味。章鱼是绝少能得到的，因为从洞里挖一只章鱼，大概要掏出小山包那么多的泥土。偶尔妈妈也能误打误撞到脑子进水的章鱼。我觉得最美味的海鲜是章鱼，因为吃起来有一种猪肉的质感。弹涂鱼、小青鱼等也有，被妈妈一股脑全放入锅里，加点酱油、醋，吃起来味道也不错，但终究不过瘾，因为肉不多。

蛏也是常见的，都是缢蛏，壳上有一道如被绳子勒过的痕迹，不过那时候的蛏子都是野生的，瘦得要命，吃剩的蛏壳在桌上堆成一座小山了，嘴里感觉还没吃多少肉。冬天的时候，有土笋，宁德人叫土丁。土丁长得貌不惊人，筷子大的虫子，肚子里都是土。农人把它们放在井边，不断用脚踩，用井水反复冲洗。把土洗干净了，放在锅里以水煮熟，加以调味品，放一个晚上，第二天就冻住了，就是传说中的土丁冻。味极鲜美，集海味之精华，又耐嚼，只不过下海要挖一碗土丁，极费工夫。

西陂塘的鱼虾贝类，养了一代又一代人。小时候我长年累月都是吃海里的东西，吃得瘦瘦的，吃到绝望。某年某月我第一次吃到红烧肉，觉得一个大海也抵不上一头猪。

西陂塘造堤拦海是 1977 年开始，到 1979 年成功。没有挖掘机的时代，是一个艰巨的工程，集合了每个乡镇的劳力。据说一些劳工受不了苦，从拦了一半的堤上逃往对岸，结果走了一半，就被涨潮的潮水冲走，可见其艰辛程度。拦海成功后，西陂塘有耕地 10300 亩，出过劳力的各个乡镇都有分田。经过几年的土壤退碱，开始垦荒耕作，那时候我们才开始有米饭吃。之前都是吃山上种的地瓜米，以及一点点的山田种的稻米，非常有限。也有在塘内垦荒的地里种薯类，种出来的白薯是咸的，红薯是咸中有甜，特别矛盾的味道。

溯源，西陂塘在宋朝也围堤成功过一次，后来崩塌。清代以及民国时期，都有复围，未遂。这一块土地在沧海与桑田的转换之中，在这个时代终于尘埃落定。

如今，西陂塘内成为东侨工业区，特别是新能源企业，聚集了上万工人。厂区林立，人来人往，人们几乎不知道这里原来是一个海湾了。而通往闸口的那片水域，正在建设的西陂塘湿地公园。人类改造自然的历史，就此收官，只有像我这样从这里长大的人，才知道这片土地是低于海平面的——我们在水面以下过着陆地的生活，而它原来是鱼虾的天堂。

这一切，不知道地球是怎么想的。

酒　屿

张品曲

一百多年前的一天，一个外国人带着好奇的目光，站在西山的半山腰上，向东俯瞰蕉城全景，随手拍下了这样一张照片，为宁德留下永久的记录。凝视照片，我们仿佛回到了百年前的东湖：远处三都岛、青山岛、城澳半岛灰蒙苍茫，隐约可见；近处，酒屿（塔山）、金瓯山（大门山）、猴毛屿（乌龟山）清晰可见，其周围海水茫茫，看似几艘大小不等的小船漂泊在海面上。最近的当属酒屿，好像比其他岛屿大了许多，山顶上重修于清乾隆年间的灵瑞塔，像一根雷达天线，看得十分清楚。

照片拍摄于清光绪年间，拍摄者是德国建筑师恩斯特·柏石曼。此人当时曾到过中国的大部分地区，行程数万里，拍下了许多中国古代皇家建筑、宗教建筑、古民居和各地风土人情的照片。回国后，他出版了论述中

国建筑的专著，书中的这幅照片下方说明有“福建省三都澳的城市和港湾”字样。这很有可能是最早见证东湖百年前模样的照片了。

金瓯山、猴毛屿以形象命名，这倒也符合传统对山、对地的命名方式，还有如白鹤岭、金蛇头之类。那么，酒屿呢？横看竖看，都找不到“屿”与“酒”的牵连之处，那么其名又由何而来？

我终于从地方志书及民间故事中找到了答案。相传，仙人铁拐李云游到宁德蕉城地界，因他身上又脏又臭，人们以为是乞丐，都像躲避瘟疫似地远离着他。正当他一路走一路摇头、感叹世间冷漠无情时，发现这小岛的一家小酒店没有关门，抵近时，老板见他落魄可怜，给了他一个热乎乎的糯米团。铁拐李接受了老板的施舍，径直来到酒店旁的水井边，将糯米团投入水井。从此，水井里涌出的都是美酒。人们就把这个小岛命名为“酒屿”。从此，这个无名岛有了个飘着酒香的好名字。这个传说，意味着东湖之水可不是一般的水，本地人都说：那是“清水也变钱”的地方呢。

确实如此，南宋淳佑年间李泽民县令率军民以酒屿为中心，“筑堤二百余丈，周九百五十余丈”。有了南起洋尾驸马塘，北联金鸥屿、猴毛屿至兰岫的“李公堤”后，酒屿周边出现“水田毗连数十里，湖堤环带，历宋而元，居民富庶”的景象达一百多年。这百余年里，宁德城郊陆地延伸到了酒屿，酒屿也就成为宁德出入海口的最重要的码头。那年月，商船贾舶，小艇渔舟都停靠在酒屿港上。人们上岸取水、交易、游玩、进城，形成了酒屿市。明初洪武进士林保童有诗为证：“糯醁飘香缶瓮中，桃花暖处碧溶溶。江涛发岸葡萄绿，石乳悬崖琥珀浓。痛饮渔郎烟底卧，酣歌舟子月中逢。东风舣棹知多少，兴入曹溪第几重。”可以想象，那时候的酒屿，码头繁忙，市场兴旺，酒肆遍布，酒香四溢，文人会聚，诗潮如涌。明马承宾开发酒屿山，“构二亭于酒屿”，曰“乐天亭”和“知命亭”，明诗人陈癸作“山含竹树翠云绕，岸夹桃花锦浪新。画艇鉴湖怀贺老，绿衰青笠访元真”之诗赞颂。如此繁荣的酒屿，有酒、有诗、有依山傍海之美景，铁拐李若再次路过，或许也再不愿离去了。

世事难料，李公堤不幸在元朝末崩溃了，酒屿的周边复为海水湮没。到了清乾隆年间，知县徐兆麒继南宋李泽民之后，也率众修筑东湖塘，共筑塘堤 4 条，计长 816 丈。其中一条塘堤叫“佛塔塍”，宁德城郊陆地再次延伸至酒屿。大小船只停泊于酒屿码头，酒屿市也再度繁荣，“设税馆、牙行、塘汛于此，商贾云集成市”。形成了“百货骈集，两岸帆樯如帜，酒楼茶肆雾属云连”的景象，酒屿之酒再度飘香。据记载，为防止外来侵略和海盗骚扰，清廷还在酒屿建了炮台，以护卫酒屿和宁德县城的安宁。那时的酒屿不仅是宜居之地，也是宁德民众心旷神怡、流连忘返的休闲旅游之地。山上有诸多景点，海上有沙鸥白帆。然而在清乾隆二十年（1755 年），东湖塘海堤被八月大潮所冲毁，致使“水入东湖，酒屿市废”。此后的很长时间里，虽不断有大小规模的修堤之举，可直到一百年前恩斯特·柏石曼拍下那张照片时，酒屿还是一个孤岛。

真正大规模的修堤，应是在新中国成立后的 20 世纪 50 年代至 60 年代，在人民政府领导下，宁德人民以不屈不挠的牺牲精神，开始对东湖进行第三次围塘，而且其规模是古代的前两次围塘所不能比的。在付出了巨大努力和牺牲之后，终于建成了金蛇头 25 孔桥，金马主堤合龙闭气，完成主体工程。海堤从洋尾至贵岐，联金蛇头、接马山塘，全长 2760 米。其如一巨大的链条，牢牢锁住了兴风作浪的东海蛟龙。酒屿也终于能够安然地挺立在东湖之上了。

千百年来，人们梦想着把汹涌的海水阻挡在东湖之外，向大自然争取更大的生存空间，筑起美丽的家园。如今，这个梦已现实地突兀在人们的眼前。随着东侨开发区建设的日新月异，东侨市区已延伸到三都澳海边，而酒屿已被四通八达的道路，被林立的高楼包围在其中，成为城中的公园。然而，那个古老的传说依然迷人，酒屿之酒香何处寻觅？带着好奇和探索，我找到塔山村吴厝里那口传说被仙人扔进糯米团而出醇香美酒的千年古井。或许那是当地村民世代相传的一个美丽传说，抑或在没有自来水时这井仍在使用，故而，井还在！只是无人问津，井里青苔飘浮，水质浑浊，已无人来此担水，仙人更是杳如黄鹤。然而，这口井作为有着美丽传说的人文景观，似也不为人所知。我以为，东侨作为一个新兴的现代化城市，不缺现代元素，缺的就是历史人文景观。若能籍诸如此类的美丽传说，发掘它的历史文化意义，这对于进一步打造塔山的人文景观乃至丰富东侨的历史文化，都有着重要的意义。

一张老照片

李步舒

尽管后来者的叹喟总是肤浅，生活却告诉人们，每张老照片的背后都有故事。

前不久，我喜得一张东湖塘的老照片复印件。接手的那时，我就被深深地吸引住：百年前的老照片啊，多难得。我便以塔山为地标，极力地搜寻辨认龟山、蛇山，直至金蛇头，苍苍蟒蟒，影像里的远处已模糊得只是黑山白水的轮廓。执手默想，一位外国人的身影愈发清晰起来：他从三都澳海域进入了宁德陆域，捨船上岸，直奔南漈山。南漈山林茂竹修，也以异样的目光审视这位不速之客。那天，风轻波平、阳光明媚，他的长袍似乎不适于穿林越岭，玄黑的影子显得有些矮小，但胸前的十字架银光闪闪，仿佛刻意搅乱一个宁静的世界。他的出现，让我想到了澳大利亚当代作家考琳·麦卡洛，想到了他那部著名的长篇小说《荆棘鸟》，想到了那个以牧师为职业的男主人公拉尔夫，想到了他与梅吉姑娘深爱而不可得的痛苦与纠结。我要感谢这位外国人，他为我们的东湖塘留下了永恒的瞬间，更留下了百年沧桑的故事。

黄鹤已去，空余悠悠。不论后人如何去想象，但那照片与往事都成了谜。那天的情景，牧师的心绪，只有这海天相连处的南漈峰知道，但它不便说，也说不清。作为后人只能凭心谛听，只能从无谓的侧耳中凝神历史传来的脚步声。三都岛上哥特式教堂的钟摆未曾停摆，澳外依然惊涛拍岸。唯独东湖塘，早已颜容不复，芦荡、沙鸥、渔歌皆成绝唱。历史的时空竟如此素白，老照片记录过去，也印证未来。

今日的东湖塘已如一面碎了的镜片，斑斑驳驳撒落于新城间。无论如何掩饰，原本的灵秀天然，已化为夜来稀微的灯光，星星点点如同白露秋霜，似向栖居的人们诉说着曾经的橹棹与怡然。能够大声明证的也仅仅是濯足于塘泥深处的山岩，以及几经凋敝而后重生的秀木佳林。痴情不改的泉流，不畏岩崖山峦，依旧我行我素于边潭浅湾，为这一胯之地留下念想，留下无边的愁绪。城中湖、湖中城的诗画咏叹，也便在这如抱的山水间，编织出东侨人的拓荒神采。朝花夕拾，潮涨潮落，淡定兼容。

江畔何人初见月，江月何年初照人？人世间又有多少的老照片可供检索呢？比如乡愁，尽管后人努力地拼凑、复原，但总是蝶舞蜂鸣、片片絮絮，躲躲闪闪。柿红树下，寒鸦渡口，古道涧边，凉亭水碓，一切都化作烟遁。在每一幅老照片的面前，苍白的我们，只能用幽幽的目光，去钩沉属于自己的那缕轻烟。

现代科技让地球变得如此渺小，也让人心贴得更近。前不久我终于“微”上了多年未谋面的老同学。热聊中，他忽然贴出一帧早年的合照，让我感动了许久，记忆随即回到了青涩年华。玉苍山下、玉龙溪畔、荒滩垒石、芳草果园，如今已是街巷鳞次，楼台栉比，人气熙熙，园柳鸣禽。对于已知入秋的人心，老照片的魅力或在于呼唤友情、亲情，老吾老以及人之老。用浊眼检索过去，放大美好，回放精彩。

一个周末，我陪远道而来的老姐徜徉于东湖之畔。老姐轻声征询：请路人帮咱俩合个影吧。与老姐合影那是多少年前的事啦，那时的我也才五六岁，弱弱地站着，大姐蹲姿扶住我的肩，地点是去往老街的一处岭头，路边有根电线杆，摄者是桥墩唯一的包家照相馆主人。因为与其后人相识，我得知他还在人世，已是百岁老人。人生相聚皆为缘，我与他的后人竟然皆由浙入闽，共同生活在宁川佳境东湖之滨。天地亦大，世界真小，谁也料不到四十多年后，我与老姐的再次合影，是在清清如许的湖东栈道。有些慨叹真得无法用文字去表达啊！最有底气的，该是那位久违了的百岁照相老人，但在他积蓄了一辈子的老照片宝匣里，又有几多记忆的底片未曾冲洗成像。如今，他还会有兴趣用一生的经历，让如烟的沧桑大白于天地间吗?

五里亭旧事

甘 峰

吾邑城东，旧有五里亭。

所谓年年柳色，灞陵伤别，托物寄情，情意缱绻，此地承载无数真挚情愫，故事良多。今有建屋者，曰天安。心怀至诚，于此地构广厦千间。沧海桑田，抚今追古。长亭相送，挥手惜别，已成昨日；华厦美池，天上人间，今日现实也。或曰：撷三五旧事，记诸笔端，俾以对比古今，日后于金域兰湾观海阳台之上，品茶论古，不亦快哉？

一、韩司令建屋

余高中同学、五里亭旧住户印尼归侨阿伦曾言，六十年代末某日，时任福州军区司令员、福建省事实上的最高长官韩先楚上将巡视东湖塘华侨农场。时东湖围垦已动工近十年，成功闭气亦有数年。韩司令见归国华侨皆居于低矮泥屋之中，便察问为华侨建屋之事。随行官员答曰，方案已订，以石为墙，大有改善，但仍为单屋小屋，继言："他们习惯住这样的房子"。

司令闻言，勃然大怒，斥之："什么屁话！何人不晓得住楼房舒服？"

彼时，农场之归国华侨多来自南洋爪哇等地，风俗习惯与乡人颇异。好洁净，喜歌舞，性极平和而不善言词。韩司令出身大别山农家，却能体察海外归侨于热风椰雨中形成之生活习俗，虽为军人，却宅心仁厚，故出此言。

后农场归侨七八个居住点，多建二层楼房，屋内铺红砖，套房结构，于海滩地中，通风凉爽。彼时，于宁德城区，亦属上乘之宅也。时光荏苒，今日，东湖塘华侨的住宅又上层楼，可告慰韩司令矣。

二、曲尺塘之基础

五里亭畔，旧为海滩。建国初年，政府于此筑堤百丈，围海成田。塘堤曲折，名曰“曲尺塘”，方圆三百余亩。

筑塘堤，必用巨石沉于淤泥为基。筑堤基础何来？

旧时，吾邑西北通衢大道单石碑地段，罗列十八座石牌坊，气象森然，有“文官下轿，武官下马”之禁，据云皆为彰表明、清诸贞女节妇所设立。建国初，民气訇然，万象更新，解决贫民之口粮，生产建设为第一要务。于是，城西之石牌坊悉数解体，运至城东，化为塘堤矣。此地今为新城建设之黄金地段。中有实验中学，左有高级中学，前有青少年活动中心，右侧，即为天安精心打造之房地产项目“金域兰湾”。

今日此域，可谓寸金寸地。塘堤遗址，当于今大道之下。

或曰：乡人五十年前曾筑堤于塔山，石坊沉于彼。说法虽有分歧，事实是，旧物新用，贞女节妇一生苦守，想博取不朽而终成泡影。

以新换旧，与时俱进，社会演变之规律。华厦美屋更换塘堤，亦为文明进步之必然也。诸先人若有知，亦应含笑。

三、姚道长

五里亭边里许，于危崖巨岩之侧，有一“玄元观”。观主姚姓，宁德人氏也。

余与道长相识，数度晤面。道长语多玄机，幻妙多端，余多茫然未解。然而，感于彼之非同常人之生活精神，冒昧录之一二。

道长自言早年入川求道，行路经年。问：携多少钱上路？乘何车？彼微笑，言，不带分文，行头打扮亦仅一衫一衣也。另背一竹筒，装满盐，路遇可食之草，如马齿苋、蕨菜芽等，以盐搓之，即可饱腹。

余曾与道长同赴政协中秋宴。当时名流荟萃，谈笑风生，唯道长一人端坐不语而笑容可掬。片刻，即言有事，取一梨，离席而去。

自东海之滨往峨眉青城，何止千里。关山重重，何故行此极难为之事？世人多不得其解。

今人亦常入川，无非航空铁路。万里奔波，不过摄得数张风景照片而已。

当今之世，未闻为求道风餐露宿行路经年之人，亦罕见红尘中坚守清贫之事。

有寓言曰：川人欲顺江而下观海，内中一人等待数年买舟未成；另一人行路已打个来回矣。姚道长清修于此，可谓一方灵秀，殊可感人也。

四、何谓“东湖”

吾邑有东陂西陂。西陂亦称“赤鉴湖”，有宋代名将韩世忠诗文《过赤鉴湖》可证。东陂一名东湖，旧县志则以大篇幅记载。如明嘉靖陈御史《筑湖疏》：“本邑自唐开辟以来，宋淳祐之际始筑东湖”。

然旧志之“东湖”，地理概念与今人略不同也。

明代县今舒应元曾有“合于城南一里，复建堤堰，庶潴水常盈，山川盘郁”之议。可见彼时东湖之边界，仅城南数百米外而已。

旧志另有“黄土岩汛”之名。乾隆四十六年《宁德县志》之“营汛”篇载：“黄土岩汛外委一员在此，塘兵十三名。汛地系宁邑埠头，商渔船出入随即稽查。”

黄土岩何处？即今五里亭近处。由此可推定，二百年前，五里亭为一临海埠头，东湖地界距城五里矣。

不同时期，东湖地界亦不同。何以至此？

概念略有三。

一为宋代淳祐至元代间之“小东湖”。堤为县令李泽民倡建，因名“李公堤”。范围大体为古溪村——塔山南——五里亭一线，围海千余亩。另有一说，宋之塘堤，北侧为今妈祖庙附近。若此，面积较小。

二为“中东湖”。筑堤时间为乾隆十五年，其位置大体为洋尾村——塔山——大门山——乌龟山——葫芦岗（此为清知府李拔说法，或由塔山直连乌龟山），围地大于前者数倍。余曾阅清代县治木刻地图一份，虽失比例，塘堤之方位路线，历历在目。

三为今日之“大东湖”。自五八年始，宁邑乡亲投工日五百六十万，耗资巨万，修塘堤水闸数段，由歧头村起，至鳌江村止，“基连数里，一望殆莫睹其畔涯”，围地两万余亩，终成大业。

东湖修建始末，乡贤王致纯先生叙述最详，记诸政协所编多本文史资料。

福地东侨

福地东侨

缘　莱

每天清晨从睡梦中醒来，顺手打开手机的刹那，那一只只翻飞腾舞的白鹭直逼眼帘：东侨之舞，舞姿翩跹；东侨之美，美得炫艳！这一方浩浩渺渺的湿地公园，是遗落在人世间最宝贵的珍珠，是对生于斯、长于斯的东侨人最丰厚的馈赠。

人与大自然的亲密和谐，共生共荣，共沐阳光。于是，才有了我们在夕阳衔山、华灯初上的美妙时辰，心儿静静的，脚步轻轻的，走在北岸公园绵延展伸的环东湖慢行木栈道上，看“福”灯闪烁迷离，风情万种；看身边甜蜜的情侣顾盼的眼神，三三两两的垂钓者，也在凝神构思着丰收的作品。听风儿从腰际间穿梭而过，浪儿悄悄地拍打着岸边的扁舟，多情的涟漪便一圈一圈地漾开了，湖中的倒影也随之晃动起来。向着远方望去，千姿百态的多彩霓虹，幻化出美轮美奂的景致，拔地而起的巍巍楼宇，在苍茫暮色中展露她的雄美、伟岸！

美景最善于箍住人们的内心，美景最容易催生无边的遐想。赏尽东侨美景成为一种内生动力，践行之，方可满足前行的力量。刚竣工不久的兰溪公园成为我们每天散步的目的地。夜幕降临，星星眨眼，移步公园，斑驳的光影增添了几许神秘，轻音乐正在播撒着旋律，两旁的行道树似乎也随着微风摇曳，欢迎我们的到来。广场舞的大妈们踩着音乐的节点，在舞曲的声浪中摇摆双臂，浑身散发着“青春”的力量。自从我把家安在了东侨之后，兰溪公园成为一个休闲的好去处，公园中的小湖泊似一面镜子，映照出游人们幸福的脸庞。湖边的景色也总是先人一筹，摆阔似的炫耀着固有的本色。由于紧挨沈海高速城区段高架桥景观工程，得天独厚的地理优势，使她成为人们心中的独宠。出自书法家之手的“兰溪公园”四个大字同样惹人注目，兰溪公园更是成了每天心中的向往和目标，成了身心锻炼的终极最爱。置身其间，大自然的变幻莫测，每天都有唯美的体验，每天都有簇新的故事，每天都涌现稀奇和新鲜：鲜花绽放了，草儿泛绿了，湖水又清了，公园的天空闪出“东湖蓝”。

公园从此成为生活中的益友，与美丽的公园约会不再是一种奢侈。南岸公园的精致，北岸公园的粗犷，塔山公园的高耸，兰溪公园的娇美，西陂塘公园的开阔……各自舒展各自的青春，各自深藏各自的内蕴。读懂她们，就走进了东侨的历史；读懂她们，就读懂了东侨的文化，也就深刻地领悟了东侨精神——“开明致远，务实创新”的思想精髓。

于是，我把家安在了东侨。楼盘虽小，只有八幢，却别致大方，温馨尔雅。小区内绿树红花，茵茵草地，摇响季节的风铃。小巧的亭榭，迂回的桥廊，活泼的喷泉，写意的空架层，都在书写着生机，昭示着希望。上班走出家门，电梯口遇见邻居，总是笑吟吟的，亲切的问候，有如春风拂过脸庞。保安叔叔也很有礼数，服务细心贴心，对住户的诉求有诉必应。初秋的晚上，微风习习，圆圆的月亮高挂空中，洒下一片清辉，显得清幽祥和。孩童们在小区内追逐嬉戏，留下串串银铃般的笑声。家的对面，就是一家刚开业不久的酒楼，山珍海味一应俱全，若是来了老家客人，带上自酿红酒，点上几盘美味的海鲜，宾客们的心里肯自然是乐开了花。

于是，我把心藏在了东侨。意在鞭策自己，锤炼自己，丰富自己，让思想得以淬火，让灵魂得以宁静。因为那里藏着我的一份秘密——30 多年前，我的母校——宁德师范学校，就依偎在东侨温暖的怀抱中。两年的求学生涯，至今历历在目。每一个点滴的进步，每一项成绩的取得，都把个人情感深深地融进了东侨这片深情的大地。宁德师范学校，那是我平凡人生的起点，那是我青春澎湃的摇篮，那是我理想航行的驿站。东侨这一具有鲜明时代个性的名字，已经融入我的血脉。

于是，我把爱留在了东侨。我们用心灵见证东侨的成长，用目光去触摸东侨的思想，始终如一地用纯真的情感抒发着对她的挚爱。也许是一个微乎其微的平凡故事，我们也能描绘出她的生动和美丽，体味出她的怜爱和忧伤。哪怕是一棵小树被风雨打折了，我们也能认真地扶正它，矫正它的姿态，让阳光和雨露滋养它的灵魂。今日之东侨，更是以海纳百川的宽阔胸襟，包容、宽容、兼容的执着个性，款款报以人们自信的微笑，成为人心向往的福地。“恒大”豪迈入驻了，“新能源”悄然回家了，“动车站”风驰电掣般成为旅客们温馨的港湾，“宁德师院”这一闽东的最高学府，枕着东侨的名字入眠，在潮起潮宁的声浪中，在日出日落的升华中，快步成长！30多年前遗落下的一颗爱的种子，而今正凭借温润的空气，充沛的阳光，长成一抹新绿，一片希望，在冬日的瑞景里，迎迓姹紫嫣红的春天！

今天的我，已经把美丽的东侨当作自己的第二故乡。擦肩而过的许多熟悉的、陌生的面孔，都是那么亲切、那么和善，令人在不知不觉间伸出手，紧紧地握在一起，留下微笑，留下真诚，留下温情和慈爱。

阳光东侨

丁林霞

一

又到北岸。湖水荡漾，白鹭翻飞，阳光正好。

在观景台上凭栏远眺时，不经意地收回视线，发现有人趁着秋阳，在这东湖湿地下钩。是那种很简单的钓钩，放竿收竿完全靠人力控制。湖水那么浅，芦苇那么密，不像是个钓鱼的好去处，可钓鱼者说湖面这么宽，这里略有垭口伸向岸边，水流变化小，加上水草多，浮游生物多，刚好适合鱼儿藏匿觅食……我听他这么一说，想着该是多么了解这湖塘的性情呀，不然这么大的一片东湖塘，他怎么就选择在这里垂钓？像是验证他的话语般，偏偏就有一条鱼儿上钩，噼噼啪啪地甩着鱼尾，很是不甘地在钓鱼人的手里折腾着。他抬起头，扬了扬手里的鱼儿说，是鲫鱼。秋日午后的太阳打在他的脸上，泛着光泽，显得那么温暖。

午后的阳光还照耀着前方的青草地，一大片一大片的，葱绿油亮。草地上铺着色泽鲜艳的餐布，放着各种面包、水果和零食，有男女相依靠坐，享受秋天的日光浴。不远处，学龄前儿童在草地上学步嬉戏，爷爷奶奶在后面追逐保护。更远的游乐场里，孩子们在摩天轮、海盗船、荡荡椅玩得不亦乐乎。这是多么好的情景！湖水、白鹭、阳光、青草，还有可爱的人儿，随便按下快门，都是一张明艳温馨的北岸风情明信片，让人看了心神向往。

二

站在暮色的金蛇海堤上，可以眺望到远处动车的轨道架桥从这头连到那头，远得似乎伸到了海天交接的地方，巨大的架桥基座深深地夯入海水，阻隔观海的视线时，也多了一份硬朗磅礴的气势。远远地，能看到从宁德火车站出发的动车驶过，因为远，能够看见完整的一列，也因为远，动车的速度愈显缓慢；近处，有星星点点的小舢板停靠在堤岸边，海风吹过，带着寂寥冷清。幽暗让堤岸变得绵长而朦胧，只有下面的海水在泛动着粼光，映着渔村的灯火更加摇曳，

同行的文友指着海堤说，不要小看这海堤，要是现在垒建，估计都建不起了。我不以为然，现代技术那么好，重工机械一开，切切割割，多坚韧的石头瞬间都变成粉末，还有什么建不成？文友说，这些都是天然而成的石头，工匠们是一块一块审视拿捏，垒筑时只稍作敲打，就在一起……

任运自然！不需多说，再看海堤时，被海水冲刷成黑褐色的石块，边角形状并不整齐，块与块之间却凹凸镶嵌，如榫卯般紧密契合，互相牵制，断岸数里，让奔腾不息的海流在此止步，硬生生地将数万亩的土地从远古

的大海里剥离出来。而海堤继续它的沉默和稳固，静看沧海变桑田，看东侨建设者在潮起潮落中任运自然，把握时代脉搏，用短短的十多年时间，完成了闽东华侨经济开发区到国家级经济技术开发区的华丽蜕变。

三

在同一张六尺长的宣纸上，有用焦浓的墨汁斜擦出山峦的走势，有用淡墨大片渲染出水际和水际以外的苍苍水草，还有用三两笔勾画而出的白鹭，或刚从水面掠过，或正栖泊在岸边礁石上……随着画家们的优雅指动，由数位画家合作完成的东侨映像图豁然纸上。环视一周，这样书画合作的情景比比皆是，这里一帧，那里一幅，三人一组，两人一对，有的甚至经六七人之手，落日余晖，白鹭翻飞，红果挂枝，缤纷却不突兀，不论怎么布局，如何下笔，作画的人都会心地朝着美丽东侨这个中心而去，脉络清晰，笔意俊逸，整个书画室浸漫在古雅之间。

作画尚且如此，面对这片海里“打捞上来的土地”，东侨建设者更是倍加用心，他们心里装着蓝图，每一个下笔都顺势而就，自然舒畅。致力于东侨经济发展的，从农垦滩涂起步，开发速度，大力引进规模企业、龙头企业；致力于东侨城市建设的，用心铺陈底色，高标准建设市政道路、园林景观等基础设施；致力于文化建设的，淡墨渲染，营造民生和谐，诗意盎然的宜居环境。城市建设、工业发展步履不同，方式也不同，却都为了同一个目标——向着集工业园区、宜居家园和休闲乐园于一体的方向而各施其力，协同合作，共谱宁德中心城市核心区的豪迈乐章！

梦呓东侨

禾 源

对一个地方有个曾经的记忆，才知道今天的变化；有了今天的变化，让记忆成为这块热土的新客，又让新客常常梦起这个地方。

——题记

初梦东侨

记忆有时相当牢靠，牢靠得像在一块石碑上刻下碑文；有时又是那么容易消失，就像一艘船驰过海面的波痕。我走进东侨时是1979年的夏季，那正是我最富有幻想的青春期。面对一块偌大的土地，整块整块的稻田，整块整块的甘蔗园，一排排整齐的防风林，在这里山里的记忆就跟自己一样弱小，孤零零地被搁在一个角落。

兴奋与激动，就会让自己在这块陌生的土地瞎转悠。一天，我走到滩涂边，那场景让我惊奇，跳鱼、螃蟹爬行，海面浮光耀金，滩涂接海连天，眼前的一切简直太美了。往前跨一步，不知是我脚步重，还是山里气息熏了它们，那些螃蟹、跳鱼居然在顷刻间倏地全然消失，想抓取一只看看都做不到。当天夜里，我有了梦，是我在这片土地上的初梦。梦中，我就在这片滩涂上挖、挖，边挖边嘀咕着："不要欺负人，山里的穿山甲都能被我们挖出来，难道就挖不出这螃蟹吗？"我的梦呓可能被后山村的人听到了，我去他们家借锄头，说去滩涂挖螃蟹时，他笑了起来，告诉我说："滩涂的泥土粘得很，虽然说那些蟹躲得并不深，可你挖下去时，它早串到另一个洞了，再说这些蟹没啥肉，不要稀罕它，也别浪费力气。"他的劝导动摇了我的想法，可就是放不下滩涂的诱惑，还是去了一趟，结果抓到了几只单螯的蟹，还捡了一些螺丝，品尝到有味的海鲜。

很好的味，跟我站在滩涂边嗅到的味一样，我在思味中又沿着的记忆回到村子，溪里捕鱼、田里抓泥鳅、山上捕鼠……若是他们一起来到这海边能捕获这海货吗？我想最多收获一定跟我差不多。时间一天天过去，这块土地给我的梦就越来越多，防风林里信步，甘蔗林中嚼着甜蔗……可梦总是在海边渔民赶早市的跑步声中醒来。

记忆只是走回故乡和走回过去，是一条恋旧的行程，只能回味，很难实现当下夙愿和走向未来。东侨，昨日的海浪把你带来；东侨，今日的时代浪潮又把你涌向潮头，让你崛起。我的记忆，你的曾经，只能是海浪中的一朵浪花，不能映照你现在和未来的辉煌。海边人赶市的脚步成了你赶超时代的步伐，踏着昨夜最后的月色，迎着黎明的霞光快速赶来。

再梦东侨

客栈对于游历在外的人有着特别的意义，疲惫身躯安顿在榻上，思绪有了温床，就让人浮想翩翩，思乡念情、观照内心、回顾历程等等情怀在他乡这张榻上翻腾着。宁德的客栈、宾馆我停栖过不少，唯八三街客栈与

山水大酒店让我回味。八三街客栈的木板房及门前石铺巷子，这熟悉的一切，让我感到亲切，客栈楼下的炒菜的酸辣味，让我想着姥姥的手艺，至今想起，呼吸间还会口舌生津。山水大酒店是一座很现代的酒店，对于浑身活跃着恋旧细胞的我，感觉的是现代设施的完备和好用，本不该有别的情愫，可事实不是这样。

舒坦的大床，整个夜晚睡得很香，连梦都不来干扰，一觉天明。我打开窗帘，看窗外阳光熙和，昨夜小雨，一切清新，空气清新，草木清新，清新地诵读着古诗“渭城朝雨浥轻尘，客舍青青柳色新。”清新的一切与清早的身心匹配无缝，眼前的景致就这样住入心房。远山隐约，高楼林立，两岸青青，溪水中流，大桥飞架。白日里我游览过南岸公园，傍晚时走过北岸公园，华灯初时还走过彩虹桥，这些景致虽也是处处匠心，讲究一弯一境地，一处一风景的和谐统一，讲究海滨新城的风格，夜色里讲究灯火辉映，可怎么就敌不过我这清晨览胜。原来昨天我穿行在风景中，遭遇“只缘身在此山中”的观赏之障。今朝我高处凭栏，胸怀大局，风景就在格局里，览胜中见肌见理，情理尽在其中。条条溪水到了东侨，成湖成塘；彩虹桥飞架南北，如锁水关；座座高楼披阳焕彩，生机勃勃；绿树花丛点缀其中，春意盎然；水鸟、白鹭时栖时翔与游鱼相娱。这一切都安详地享受在如意塔镇守的这块祥和土地上。

东侨，再梦到你时，是昨夜风雨沐新姿；东侨，再梦到你时，是今朝风景昨夜梦。

常梦东侨

能让人常梦，冥冥中一定有灵魂在左右。东侨常让我梦起，那么，东侨的灵魂是什么呢？是那山光与海景共同孕育的精灵，是那舒适生活在这里的人们对这方水土的一种感恩。是这些，又不全然是，那精灵中最活跃应该是东侨的变化。高楼大厦、高速动车站、高等学府、高新科技示范园区……许许多多的“高”，在东侨拔地而起，东侨的精灵能不振翅高飞吗？我身边的朋友他们凭着多少年山区厚土的积淀，几经拼搏，好几位进入到这里不同领域给他们搭建的平台，让他们的梦飞翔的更美更远。

朋友有的在师院，有的在东侨开发区，有的高新园区，有的就落户在东侨那些居民楼盘中，每一次相遇，每一次电话，每一次网上交流，都成为牵动我心的精灵。偶尔拜访他们，看着他们无尘无垢的简洁舒适的办公室和家居，琢磨着这“洁、净、美”的一切除了跟主人有关，也离不开环境的造就，于是，我喜欢凭窗眺望四周景致。绿树成行，花丛点缀，草地如茵，湖水碧波，这样的环境，何处惹尘埃？怪不得他们办公室和家居是那样窗明几净。怪不得曾与我差不多相貌的朋友，到了这里一段时间后仿佛就比我脱俗了许多。白领、白领，那领真是白净，雅士，亮锃锃的皮鞋，得体的穿着，真有点绅士。我知道了，这一切者原来都源于东侨变化的精灵福佑。

东侨，改革开放是您成长的东风；东侨，与时俱进是您矫健的步履；东侨，天、地、人和是您永远的主题。东侨，发展变化成了让我梦萦魂牵的精灵，不管风风雨雨，东侨总让我常梦，常梦。

梦圆东侨

刘步明

进城，是我这个乡下人的人生梦。但这个梦却圆了很久，很久。

2003年冬，一纸调令将我从山区小县调到宁德市直单位。接到调令那天，甭说多高兴了。在山里摔跌滚爬了半个世纪的我，竟然进城了，能不高兴吗？

新单位和原华侨农场办公楼靠近。不久，我又在东侨经济开发区境内购买了一套房子，成了地地道道的东侨人。当时的东侨经济开发区才成立几年，百业待兴，到处是工地。城区虽已努力延伸到了宁德五中附近，但再往东向却仍是一片沟壑丛生的绿野。宽广的闽东路正在紧张地施工中，路两边的建设大厦、地税大楼、联通大楼和山水酒店都还在规划设计中，更不用说行政中心和会展中心了，还找不到影子呢！

回市直单位上班的第二年，我内兄从福安过来看我，坐车到宁德北站后，几经周折才找到我的单位。屁股没坐到椅子上就说：“你在山区待了半辈子还不够呀？又调到这乡下来！”他这人直性子，说话从来不拐弯。

我沏了一杯茶递给他，说：“这是市区呀！怎么是乡下？我算是进城了！”我说这话的口气带着几分得意劲。没想到他却顶了我一句，差点没把我呛着。他说：“别自个儿美了！这像是城市吗？”说着，他指了指自己的脚。原来，他刚才找我单位时跑错了地方，不知转悠到哪个工地去了，搞得裤腿和鞋子全是泥。

内兄的话刺激了我，我再审视了一下自己的周边。看那四处矗立的升降塔和穿梭般来去的沙土运输车，以及震耳欲聋的打桩声和水泥搅拌声，咋看咋不像自己是在城里，更像是在一个庞大的工地里。我本以为圆了进城梦的心顿里凉了半截。我不禁自问：我真得进城了吗？

于是，我开始关心东侨新城区的建设进度。每隔几天，就驱车到东侨新区的几个重点工程转一圈，一心只盼着它们早日竣工，好让自已的进城梦圆得踏实些。看到一座座的大厦平地拔起而且越长越高，那心里呀，比开发商和业主还高兴。行政中心竣工落成的那天夜里，我在自己的阳台上对着如水的月光整整喝光了两壶“王家”老酒。会展中心剪彩时，我和家人在那湖岸边野吹烧烤，整整流连了一天。东侨新城的每一步前进我都感到由衷的高兴！

正如我的期待，近十年来，东侨简直是在突飞猛进。登上塔山九层如意塔放眼望去，碧海蓝天，青山翠屏。君裕东湖、东湖豪门、东湖御景、华府豪庭、东湖一品等高端小区朝东湖而来；三盛海德、金域兰湾、水岸阳光、海滨一号、东城国际、碧城云天等高品位楼盘向动车站延伸而去。这些高品位小区的楼群鳞次栉比，高入云端。肃穆庄严的行政中心、流线体形态的会展中心、橡木桶形状的华尔道夫大酒店、圆柱体的艺术馆、图书馆和妇女儿童活动中心等公共设施建筑物镶嵌其中，像一颗颗璀璨的明珠。

高速公路像一条飘

带，从塔山西面穿城而过，来往车辆川流不息；塔山东面则是电气化的高速铁路，铁基湾跨海大桥像条巨龙，动车风驰电掣般地沿着巨龙的脊背驶向远方，从这里乘动车到省城只需吃一碗方便面的功夫。如果眼力好，跃过高速铁路再往东看，还可以看到大学城，白墙蓝瓦的宁德师院背山面海在霞霭中焕发着青春活力。

东侨的建设者眼光独到、高屋建瓴，在新城的建设中突出了水。新城面向大海，胸怀大海，城在海边，海在城中。大海在这苏醒，也在这被驯服，那一座座的建筑物，背靠青山面朝湖海，如若优美的音符，演奏着人与自然和谐的乐章，金马海堤内外帆影点点、白鹭成行。远处的码头笛声不断，停靠在码头上的50万吨巨轮扬波启航。

风景迷人的北岸公园、南岸公园和大门山公园都是依水而建，妙趣的亭台楼阁在绿树丛中偶露一角，两座彩虹般的风景桥把3个景观区紧紧地连在了一起。那里有迎着朝阳晨练的人，有披着晚霞漫步的人，有倚栏观海的人，有专注钓鱼的人；情侣在湖中轻舟荡漾，顽童在岸边嬉水逐浪。

画一样的美景，诗一般的新城。今年秋天，内兄听说我退休了，又来宁德看我。我驾车带他看了东侨几个高品位的小区，参观了会展中心、妇女儿童活动中心和艺术馆、图书馆，还到了火车站。内兄一路走来赞声不断:“真不敢想象,东侨这几年变化这么大!已然是一座高品位宜居新城!”从他满脸的笑纹中,我读懂了一句话,那就是:我的进城梦真的圆了!

参观大学城时,内兄显得特别激动。他当年初中毕业正赶上“十年动乱”,失去了上大学的机会,今天迈进宁德师院的大门,不免心潮澎湃。在仔细参观了教学楼、试验楼和学生宿舍后,他又拉着我在师院体育场的塑胶跑道上跑了一圈又一圈,久久舍不得离去。看他那架势,似乎想在这里圆他的大学梦!

夕阳西下,我们转悠到东湖北岸的游乐园。坐在摩天轮上聊天另有一番情趣,我向内兄海阔天空地描绘着东侨新城的前景蓝图,摩天轮带着我们不断提升、再提升。不知不觉中,天边拉起了晚霞,环湖的青山和矗立在山水间的摩天大厦在晚霞的映照下,像披上一层金色的霓裳。东湖的水面被微风吹皱,粼光闪烁。不知哪户人家办喜事,一阵鞭炮声惊起了栖息在湿地芦苇中的水鸟,鸣叫着直刺云天。此情此景不知能勾起多少文人墨客的诗情画意。

内兄打趣说:“没想到唐朝的王勃竟知千年后事,把东侨的美景写得如此贴切。”我被内兄的幽默逗得哈哈大笑起来。

我知道,他此时肯定想起了王勃那两句写景名言:落霞与孤鹜齐飞,秋水共长天一色!

东侨短章

周宗飞

一

我爱花，尤其爱她含苞或初绽时的容颜，青春，充满魅力和诱惑。

她，时而静默，让人感到和谐与宁静；时而又在躁动中怒放，明媚着春的笑容、盛开着夏的激情。

东侨，就是这样一朵开在东海之滨的花。那矗立的脚手架和不断蔓延的路网，是她伸展开来的枝条；那公园、社区、东湖是她不断生长的嫩芽与绿叶。

如今，她才刚刚进入发育期，还有很长的一段花期要走，一直要走到花团簇拥、瓜果遍地、四处飘香的未来。

对于东侨，我将继续留意、倾情，宁愿被人耻笑为花痴或花心。只因为东侨早已渗入我的内心，让我情不自禁地期待、羡慕与赞叹，不再理会别人的评说。

为此，我感谢东侨，

感谢那些让东侨变得更加美好更加芬芳的“花工们”！因为你们，我有了充分的爱的理由和对象，因为你们，我才得以回到天真无邪、与世无争的岁月，日渐衰老的心灵才得以继续得到保鲜。

二

从滩涂海域变成簇新公园，从荒郊野外变成繁荣社区。如今，她已然成为宁德市的政治、经济、文化、教育、交通等中心，成为市民和游客向往的休闲旅游胜地。

作为一名在这片土地上生活和工作的外地人，我庆幸自己能够看到东侨的华丽转身，亲身感受着她从瘦弱贫瘠到日渐丰腴曼妙的变化。

步入东侨，我总想从空中俯瞰她的万种风情，在热气球或者滑翔机上面。那一定是一个迷死人的美人胚子。

因此，我敢说，贴近东侨，就贴近了内心的快乐之源，尤其是在那些阳光灿烂的春日午后。

这比爱上一个人更幸福。因为，人，有可能变成对手；而东侨，她还在圆梦，还是一位纯真可爱的少女，不论你爱或者恨，她只会更加热情地迎接你、报答你、美死你！

三

为了养眼、养心，我总喜欢一个人在春天、在鹅黄的三月，深入到东侨走走、停停、看看。抚摸几棵细小的竹子，依偎那些魁伟的树木，或漫步在暖阳挥洒的木栈桥。

风不太冷，水特别明艳，荡漾着一潮一潮的花木和云影，聚拢又散开，万花筒一般变幻着迷人的光影。经常有鱼儿一群又一群地跃出水面，仿佛一支会连绵翻动的白银与黄金的队伍，时不时勾引芦苇丛里那些觅食的白鹭，兴冲冲地扑闪着洁白的翼翅，撩拨起水中的无限妖娆，也撩拨着游人的身心，让人欢喜、留恋又羡慕，很容易就忘记了诸多的身外之物，忘记了时间的流逝，忘我地陶醉在东侨给我营造的桃花源之中。

很多时候，我在想，对于生命来说，其实无需有很大的作为，无需在

你争我夺或尔虞我诈中再得到什么，只要投身到东侨这一方山水，也定然是人生不错的享受。

四

还迟疑什么，跟我一起去东侨吧！

远离无谓的爱与恨、悲与喜，从琐碎中走出来，从喧嚣与芜杂中走出来，走向盎然春意的东侨，贴近这一片山水，贴近这一片园林和花草。

哪怕是低着头，什么都不看，只默默地从南岸到北岸；或者，就在东湖的游艇上做漫不经心的漂流，也能感受到她的诗情画意，感受到自身的生命价值。

许多时候，人生真的需要拥抱一些仙境来抚慰我们时而失落时而烦躁的心灵，就像眼睛需要泪水，山峦需要初升的月亮，蔚蓝的天空需要白云点缀一样。

而东侨，就是这样的仙境。

轻灵短章吟东侨

阮兆菁

一

如今的东侨，已经成为人们的一个好去处。它的白天是美丽的，它的夜晚却是妩媚的。在这个圆月当空的夜晚，我再次走进了夜幕下的东侨南岸景观。

明丽璀璨的灯光，耀眼闪烁的霓虹，流光溢彩的幕墙，把南岸那楚楚动人的景致映照着如诗如画，让人们的思绪随着光影飘动，让人们的情感随着彩色绚丽。就连那树那花那水，都被这流光溢彩变幻出亮丽的奇观。凝神欣赏，那彩色灯光倒映水中，随着水波的荡漾而魔术般变化万千；侧目回望，修长的树影在和风的演绎中，飘动成一帧帧澹然典雅的水墨画。

漫步在静谧朦胧的小道上，十指连扣、脉脉含羞的情侣，迎面走来，甜蜜的眼眸里写满青春的笑意，以幸福和浪漫弹奏出生命中最美妙的乐章；孩子们跑开了父母的视线，将一串串笑声撒落在草地上，飘飞在假山间，追逐着梦想，找寻着快乐。我停下了脚步，斜靠在岸边的栈廊上，微闭双眼，做个深呼吸，任晚风轻拂着心灵，让浮躁的心在这里得到安憩。我想：若有一杯浅浅的清茶，伴着轻盈悠扬的乐声，将惬意拥入怀中，那就是人生的高尚享受了。

观景台的迷幻牵引着我，我不自觉地一路小跑登上台顶，环目四望，东侨靓丽的夜景尽收眼底。那是怎一个“美”字了得？我看到的是东侨人博大的胸襟、宽阔的远见。2009 年的金秋，第三届海峡两岸茶业博览会的盛大开幕式在这里隆重举行，那恢弘壮美的画面，又一一闪现在我的面前：茶歌飞扬，茶舞蹁跹。“坦洋流韵”将人们带进百年前获巴拿马万国博览会金奖的坦洋工夫茶的发祥地——坦洋村，向人们讲述着茶乡人民以茶为媒的深深茶缘。“太姥传情”如梦如幻，如痴如醉，上百位身着轻纱的白茶仙子载歌载舞，再现了太姥娘娘以茶救民的感人故事。“环三扬帆”鼓乐齐鸣，闽东精神在这里得到了完美的诠释，时代强音在这里激情澎湃。这无与伦比的视听盛宴，将永远载入东侨多彩多姿而厚重凝远的史册！

二

“动车！”这是一个多么诗意的概念。这是科技和智慧的象征，更是闽东人的百年之盼。温福铁路的开通，动车风驰电掣而来，为宁德带来人流物流信息流资金流，开启了连接长三角、珠三角的黄金通道，实现了交通运输从“交通瓶颈”到“四海纵横”，旅游产业从“藏在深闺”到“名扬四海”，港口资源从“剑隐鞘中”到“锋芒尽显”，中心城市从“小家碧玉”到“大气磅礴”，区域经济从“断裂地带”到“黄金走廊”的全面跃升，

坐拥天时地利人和之势的闽东，奏响了狂飙般的新乐章！

在全国独树一帜、演绎廊桥文化元素的宁德火车站，就坐落在环湖临海、天成灵秀的东侨。夜幕垂临，星灯绽放，一道靓丽的风景蜿蜒天际；人声鼎沸，车流如梭，和美的生活在这里找到了真谛。难忘的是去年国庆前夕，动车一路高歌驶入闽东。从此，东侨的发展便有了动车般的速度。东侨的决策层引领着朝气蓬勃的团队发扬只争朝夕的时代精神，以骄人的业绩划出了闪光的轨迹。一组组枯燥的数字被赋予了全新的生命，令人额手称庆，振奋不已：在世界金融危机的大潮中，东侨人审时度势，抢抓机遇，财政收入跃居全市之首，树起了中心城市“排头兵”的崭新形象。房地产业从朦胧的徘徊中喷薄而出，创造了“量价齐升”的喜人格局。工业经济如日中天，“保姆式”服务让企业的发展如虎添翼，红火的劳动场面更是令人目不暇接。“商贸旺市”走活了东侨经济这盘好棋。聪慧的东侨人运筹帷幄，快马加鞭，正朝着经济又好又快的路子，放飞一个个诗意盎然的理想……

神韵东侨，就是这样孕育着活力，挥舞着玉臂，在白鹭和鸥鸟的展翅飞翔中，播洒着五彩斑斓的希冀和向往；

绿色东侨，就是这样充满着朝气，挥洒着激情，让呼啦啦的海风鼓起信念的风帆，迎接地平线上每一天新的日出！

在东侨，你可以创造财富，建一个温馨的家；

在东侨，你可以盛开心情，做一个幸福的人！

三

教育，这是一个耳熟能详的词汇；教育，这是一个历久弥新的课题。

当一座现代化新城矗立在三都澳之滨的时候，东侨人的心中就激荡着万丈豪情，他们深深懂得教育乃百年大计的道理。要以怎样的超前理念高擎教育这面大旗，要以怎样的心灵巧手垒建教育这座大厦。在闽东教育迎来姹紫嫣红的春天时节，东侨教育开拓创新，挥出了大手笔，倾注全力创办东侨中学，面向全国高薪邀约人才，卓越起步拓展育人空间，耳目一新的办学模式引领教育新的走向。

秀水灵山，令人怀想；绿树红花，满眼春光。“宁德师范学院”这个全新的名字，已经在东侨这部绿色的字典里占据一席重要之地。一座融山海风光与人文内涵于一体的现代化大学校园，将在325万闽东人民的深情期盼中，雄踞于世界天然良港——三都澳之滨。届时，闽东最高学府里的琅琅书声将如徐徐春风，穿越漫漫岸线，惊起一湖鸥鸟，清甜的书香会同阵阵海风，伴随着年轻的东侨，一块成长！

这是东侨人的福祉，这是闽东人民孜孜以求的光荣梦想；

这是东侨人的自豪，这是闽东人民放眼世界的冲天歌吟！

教育搭台，人才唱戏，东侨人将迈出铿锵有力的稳重步履，用勤劳和智慧的双手，辛勤耕耘，快乐奉献，走向明天，憧憬未来……

我们满怀信心，我们充满期望，期待芳菲遍地的东侨，在新世纪里成为镶嵌在海西的一颗璀璨明珠！

不辞长作东侨人

陈曼远

一

这个春天，我又一次徘徊在南岸的草长莺飞里。周围是东风吹开的百花，身边是一群我热爱的朋友。他们看我满心欢喜，就问：你是第一次来？我笑而不答。这里的过往和今天以及我与它们的情分，岂是三言两语能说完的？我不多话，只是专注地在这片土地上流连，看孩子们追着风筝雀跃欢呼地跑，看湖里的鱼儿忽隐忽现地吊着岸上人的胃口，听芦苇丛里忽有声响却又突然寂静，想象着其间暗藏的一群鸟儿，会如何乘人不备就一下子飞起来……

我在这宽阔无边的南岸，来来回回地走，仿佛是定居于此地的人。其实，我来自一百公里以外的一个山区小县。每一次到宁德，都不是专程来游玩，或是出差或是有别的事，匆匆忙忙的几天，甚至一天就来回。但再怎么匆忙，都要来这一带走走，这似乎已成为一种习惯。东侨已然全新的一切，让我既陌生又熟悉，而她的前世，却埋藏着一些我抠不掉的记忆，它让我牵连地爱

着今天的东侨。而我知道，这些记忆与这里一座崭新的校园有关。

二

我 19 岁那年，考入宁德师范学院，不过当时还是专科院校，简称叫宁德师专。大学生活的确不像高中时代那样压力重重，却也不都如常人说的那般闲散。我们英语系学生的大部分时光，常常被厚厚的词典和录音机夺走。并且，在校园的围墙里待久了，我们也格外怀念墙外的世界。于是，周末便成为我们放松、解压和疯玩的理所当然。那时最常去的是东湖塘和三都，前者是因为堂哥在东湖塘边的宁德师范学校教书，后者则是因为迷恋大海。

那时的东湖塘，是少有人烟的郊区，湖中有鱼，湖外有广阔的稻田、甘蔗地和海滩涂。稻田自然是见过的，但我的家乡是气候偏冷的山区，甘蔗地和滩涂对我来说，也就特别稀罕了。因此有时候，我会一整天地在那看别人种甘蔗，且常常走进田间叽里呱啦地问个不停，那些农民居然都肯耐心地为我逐个解答。有生以来对种甘蔗有关词汇的认识，比如深耕、浅种、宽行和密植等等，就是那时候获得的。而面对滩涂，我总是又爱又恨，看着渔民们在退潮后的淤泥里捡回满筐满筐的蛏子，我却只能站在岸边徒然向往，好几回发誓也下去试试，但犹豫再三，终究没有。暮色常常在我痴痴地观望与艳羡中悄然来临，远处的渔船上亮起一盏盏灯火，提醒我夜幕就要来临。我拎着不知什么时候弄湿的鞋袜，赤脚踩着月色而归。

我就读的宁德师专，可以望得见三都。因此，我一次又一次地去三都看海。那里的海风和军舰，让我狠狠地过了一把恋海的瘾。当时师专有个校刊就叫《潮音》，在潮音诗社里，有一群和我一样喜欢大海的年轻人。读诗和写诗，让我充实地度过两年的师专生活。而当我再次因为《潮音》来到师院时，是在离校二十年后的2013年秋天。这一年，是潮音诗社成立的第三个十年，二十多个不再年轻的人，跨越关山，到海的方向来遇见。此时，我们的母校已搬到东侨。一路驱车过来，眼见高楼林立，当年东湖塘一带的稻田和甘蔗地全都不见了，堂哥仍在那里教书，但他任教的宁德师范，已改弦更张为现在的高级中学。而我的母校宁德师专，专升本后也由宁德师范专科学校改名为宁德师范学院。新校园与以往相比，离海更近，也更大更美了，俨然是一个现代化气息很浓的大学。海风迎面而来，一个广阔的新天地里，一群师院的学生出门来迎接，他们齐声和我说“老师好”，单纯的面孔和稚嫩的声音，让我想起当年的我们和我们曾在此放置过的青春。而若干年后，他们也一定会像我这样对这个校园有如亲人般的怀旧。

《潮音》三十年庆典活动结束了。回宾馆之前，我再一次去了南岸。朋友把车开得很慢，让我能享受性地欣赏了东侨的夜色。窗外的街灯如银链在道路两旁铺开，而高楼上的霓虹灯则如彩链从天而降，把这个崭新的城市映照得华丽无比、气派非凡。南岸在凉凉的秋风里，拉开夜幕等我前来。有年轻的恋人沿湖行走，低声细语地说着悄悄话；有年幼的孩童娇嗔的声音溜出父母的怀抱，从风中传来；也有意气风发的少年在拉小提琴。这里的夜晚没有喧哗，只有静谧、悠闲、惬意与缓慢。我喜欢在这样缓慢的时光里，做一回东侨的子民。

三

林徽因曾言：“有人说，爱上一座城，是因为城中住着某个喜欢的人。其实不然，爱上一座城，也许是为城里的一道生动风景，为一段青梅往事，为一座熟悉老宅。或许，仅仅为的只是这座城。就像爱上一个人，有时候不需要任何理由，没有前因，无关风月，只是爱了。”那么，我对于这座城市的留恋究竟是因了什么缘由？我想应该是为一段光阴，是为我踏入社会之前的那段日子。它见证我的单纯、狂热与痴迷，那便是人们话说的青春。而美丽的东侨是一个链接，一点击，过往的时光便会全面铺开。

流水似年华。一个人的一生，有多少这样舍不得丢弃，也难以忘怀的时光？如果要将我活过的四十年岁月细心梳理一下的话，我想我会在学生时代最后的光景里停留，会将这一段光阴裁剪下来，一遍又一遍地倒过来回放，让它在我的生命里，慢而又慢地流淌。说真的，我挺想在这临海亲湖的地方买套房子，让我后半生的岁月与二十年前的旧梦衔接。如果能够，我愿意在那里，日看白鹭纷飞起，不辞长作东侨人。

我的东侨我的桥

苏　云

说起东侨，初来的人多有这样的印象：依山面海，交通便捷；景色长青，气候宜人；海产丰富，味道鲜美……这些溢美之词，对我而言，心里虽也认可，但多少有点不以为然。之所以有这感觉，仔细一想，除了因熟视而无睹外，更重要的是它们都没指出东侨的独特之处。这些印象，或者描述，几乎适用于东南沿海任何新兴的城市。你看中国那些鲜活的城市，往往都有各自独特的“图腾”，如故宫、西湖、兵马俑，只要一提起，北京、杭州、西安立刻浮现在眼前。可对于东侨，它的图腾是什么？大黄鱼，味是美，只是俗了点；东湖公园，美而雅，可惜缺点历史；而如意塔，景色幽美，历史也远，遗憾的是原塔已毁，如今的只是仿古之物！难道不识庐山真面目，只缘身在此山中？

直到一天，突然看到一座桥。当时，我正等候一位远来的朋友。火车晚点，我就在广场边上来来回回地走，走着走着，猛一抬头，看到了一座桥，它似曾相识，虽是现代建筑，却闪着古典之光，在夕阳的笼罩下，简约、古朴而又不失大方，就如一位花季少女，正微笑着迎接南来北往的客人……刹那间，醍醐灌顶，东侨的图腾如果用一个字概括的话，那就是——桥。

然而，历史上，东侨却没什么像样的桥，虽说也有四孔桥之类的称谓，但那其实只是海堤的一段。三千万年前的喜马拉雅造山运动，在这块土地上创造出了一个 U 型的海湾。这个俗称东湖塘的海湾，潮来是海，波涛茫茫，潮退成滩，遍地泥沙。早在新石器时期，就有先民居住，繁衍不息。由于山多田少，长久以来，当地民众就有围垦造田的心愿。据史料记载，从宋淳祐九年（1249 年）修筑“李公堤”开始，台风、暴雨、自然灾害接

连不断，海堤数毁数建。八百年间，先民们斗天、斗海，与自然进行着不屈不挠的抗争，最终筑成了一条长二千多米，高近十米的海堤，硬生生地从风浪中抢出了两万多亩的土地，这其中的艰辛，尤以20世纪中叶为甚。1965年，为安置从东南亚归国的难侨，在这片崭新的热土上，成立了东湖塘华侨农场，它就是今天东侨开发区的前身。

我不知道，自己关于“桥”的感觉，是否源于“侨”的暗示或指引。不过，初闻东侨的人，往往听“侨”为“桥”，其中就包括我这远来的朋友，他甚至想当然的理解为闽东之桥，东方之桥……联想之美，让人不忍纠正。而我，身为闽东人，虽不至于望文生义，但对东侨的最初印象，却多少也与桥有关。

记得第一次来到东侨，也是应约前来游玩的。那时我在省城读书，当一路颠簸，在师专下车时，已是黄昏时刻。极目东望，沃野一片，云雾缭绕，望不到头……前来迎接的朋友，笑说，这是东侨农场，师范就在对面。那是我次日的目标。虽说就在对面，可第二天前往时，却要取道宁德城区，绕了个大大的弯。坐在柴三机上，我不禁感慨，要是有条横穿东侨的大路就好了。朋友摇了摇头，叹道，谈何容易，原野中不知有多少的溪流沟渠，尤其是东湖塘，那可是海塘，建桥难哪！从那时起，东侨路遥弯多，尤缺桥梁的印象就根深蒂固。

弹指一挥间，转眼二十年。朋友的突然来临，打破了我尘封的印象。重新认真审视一下东侨，我才发现，就在不经意间，沧海成桑田。师专、师范、华侨农场，早已成为历史，当年的万亩滩涂，如今高楼林立，车水马龙，已然是宁德最为亮丽的风景。而变化最大的，莫过于交通了。高速公路、高铁、深水港，以及近在咫尺的机场，可谓海陆空三维一体。想想当初从省城而来，走了整整六个小时，如今走高速，不过一个小时的路程，若是上高铁，那更是谈笑之间，变化之快，让人惊叹不已。

现在，不论你是从福州北上还是从温州南下，也不论你是乘高速还是坐高铁，只要经过宁德，你必将经过许许多多的桥梁。它们或跨于峡谷间，或立于滩涂上，默默地支撑着你前行的道路。由于山岭陡峭，海岸曲折，闽东修路，桥梁占比之高，令人感慨万端，从这意义上讲，这桥便是路，而这条条大路，正是闽东发展、繁华的现实支撑和历史见证。

莫非眼前别样的火车站建筑，也源于桥梁的灵感？那天下午，我打开网络，果然在国家旅游局网站看到这样的描述：……宁德拥有海洋文化、畲族文化、佛教文化、廊屋桥文化等丰富的地域特色文化，尤以廊屋桥文化为最……木拱廊桥这个古老的交通驿站，通过现代快速铁路车站的演绎，将赋予承接交通方式古老与现代、连接台湾海峡东岸与西岸的丰富内涵……是的，桥，这个看似普通之物，却对东侨及至闽东，都有深远的现实意义。

落日熔金，黄昏时候，朋友走出了站台。他对自己的迟到深表歉意，而我却笑着说，你来得真是时候，现在请你转过身，看看这座金色的桥……从此以后，每当在此迎接客人，我都不忘介绍这座桥，这座我们东侨的迎宾桥！

东侨之春

诗 音

三月的东侨，春光明媚。

我们走进这一片明媚的春光，是在一个晴朗的周末。幽静的办公楼，以及四周的花木、野地、芭蕉林都沐浴在清晨淡金色的阳光下。在一间充满文化气息的茶室里，东侨经济开发区党工委的宣传部长李朋松先生为我们叙说东侨的前世今生。

这里原本是一片浩渺的海域，20 世纪五六十年代围堰成功，建起了华侨农场，先后接纳了四千多名从印尼、越南等地归国的难侨。20 世纪 90 年代这里成立开发区，开始了新城的建设。短短十几年，这里发生了沧海桑田的变化，塔山脚下，高楼林立；东湖岸边，广厦毗邻。言语间，洋溢着李部长对东侨的浓浓深情和热爱，以及作为这块土地建设者之一的那份自豪。

午后登塔山，此时的阳光，就像果汁丰盈的柠檬，与花木草香酿得酒香四溢，熏得人醉醺醺的。春光浮漾在树梢、蓝天、楼房、绿地，还有波光潋滟的湖面上。我们也似在春天的深处浮漾，浮漾成一缕清风一丝花香。站在塔山那九层如意石塔上，整个海湾新城尽收眼底。谁能想到几十年前

塔山原是一座孤岛，四周荡漾着东海碧波呢？而今一线金马长堤横亘海湾，堤外东海碧波涌浪，堤内东湖烟波浩渺。塔山、金蛇山、龟山、大门山，犹如东湖的守护者。湖畔蒹葭苍苍树影婆娑，湖水凝碧聚翠玉光流动。每当白露凝霜的时候，就有成千上万的候鸟飞到这片美丽的湖畔过冬。我在一篇题为《东湖鸟语》的散文中看到这样的一段话，“随着旭日东升，红嘴鸥、黑尾鸥、白骨顶、丝光椋鸟、鸬鹚、白鹭、大大小小，五彩缤纷，一起飞起，又一起飞落在水面，激起朵朵浪花。”可惜，现在是冬候鸟迁徙回北、夏候鸟又未来到的时候，没能看到这样大规模的鸟群聚集纷飞的美景。

海湾新城背山面海绕湖而建，南岸公园、北岸公园、人民广场、体育中心、会展中心、火车站、大学城、图书馆、艺术馆、住宅高楼与湖畔绿荫参差倒映在波光粼粼的水边。李部长说，城建规划绕湖退让出一条绿化带，你们看那湖畔绿油油一片。语气里有欣慰有自豪。我想，在寸土寸金的东侨，这一步退得海阔天空。人类给众鸟和绿树留一方栖息地，更是给自己留下了一方心灵的栖息地。

如果说塔山上看到的是巨幅山水书画大作，那么，绕湖行走看到的则是一幅幅精致小品。湖畔木栈道绿柳拂风，凭栏可见鱼儿时而跃出水面，泛起一圈圈涟漪；而飞翔盘旋的白鹭会突然掠过湖面又高高飞起。百树坡、林荫道绿草如茵，透过树荫缝隙，可以看到蒹葭摇曳，灰暗的水面光影流漾。

南岸公园、北岸公园，繁花似锦绿树蓊郁。我只认得桃花红梨花白，还有那红杜鹃、黄玉兰、粉紫的石竹之类寻常花，许多外来的花树我叫不出名字。那些树叶也与百花争艳，五彩缤纷，不仅有春天的深翠浅绿，还有秋天的鲜黄与火红。

而开得最欢快的花儿，要数公园里玩耍的孩子们了，风筝在蓝天翱翔，旱冰鞋呼啸着如群星划过一道道弧形的轨迹。最迷人的是那些蒲公英一样飘飞的泡泡，从孩子们的唇间绽放纷飞，晶莹透明，在阳光下流转出彩虹的蓝紫青红绿，像一只只在水中漂游的水母，但更像一个个奇幻的梦，或者美丽的灵魂在缓缓飘移。我正恍惚着，一颗小泡泡飘过眼前，我轻轻地、小心翼翼地伸出手，希望像托起一个梦一样托起她，可就在我指尖亲近的刹那，泡泡迸出幽蓝的星芒，梦一样消失了，但我并不伤感，因为有更多的泡泡飘出绚丽的梦幻，圆圆的，像希望在冉冉飞升。

夕阳西斜的时候，我们来到一片湿地。流水，芳草，芦花，一畦畦开满紫花的紫花地丁旁，间植着一畦畦虞美人，虽只在角落零星开一些花，但已足够迷人。李部长不无遗憾地说，前一阵开满了花，真是美啊。有些游人为了在花丛中拍照，把满畦花踏成了这样。我望着这些劫后幸存的生命，红的红到娇艳，紫的紫出妩媚，黄是一缕清新，白到深处的是玉洁冰清，朵朵都动人。而撑起这些美丽的竟是那细细的花茎，纤细到娇弱，带着绒毛，令人爱怜，更令人敬重。美是用来欣赏和爱惜的啊，是陪伴不是陪衬。这样漠然踏坏花丛的留影还会美吗？

离开湿地的时候，偶一回头，东侨的春天给了我最温馨的回眸：一轮圆圆的落日倒映在浅水里，流光溢彩。水竟是金亮金亮的霞红，在细如花针的浅草间柔柔地微漾。浅草茸茸绿如国色。

且住红尘

何 钊

一年四季，我偏爱的是夏天。春天太湿润，虽然生机盎然，却经常被雨所困，走不出去。秋天很温暖，满眼都是收获，却多了沧桑，让人心事重重。至于冬天，我是很介意的，手脚冰冷地躲在屋子里，天很迟才亮、又很早就黑，白天的时间总是不够用。所以，只有夏天最好，既热烈，又奔放，热极了还可以泡到泳池里，无所事事地仰头望天上的白云，许多句子都是在看云时被我捡到了。

但是这个冬天，在某个午后看到蓝天里的云朵，我发现，冬天也有美好的时刻。

一

认识东侨是在好多年以前，那时候它还叫东湖塘，仅仅方寸大小，躲在遥远的沙石路尽头。我去那，是为了找路的尽头，从城区向太阳的方向走了很远才到。一人高的野草围绕着芭蕉林，嘶哑的知了声和冷不丁的一声鸟鸣，伴奏着我的鞋底走在沙石马路的声音，这样的场景在我的记忆里留存了很久。好多年过去，这个曾经遥远而又幽静的地方，忽然被四通八达的街道围进闹市，昔日的世外桃源落入凡尘里，几天不见就长出许多高楼大厦，原先小小的渔村变成了一座现代化的都市，完全是不同的两个世界。

2016 年这个冬日的下午，在兰溪公园里望着蓝天，久违的蔚蓝色携着暖暖的阳光晒在身上，彩虹桥就在不远处连接着南北两岸，红白相间的倒影映在水面上，在水波的摇晃中，我想起了年轻时曾有过的那个梦。那些

年轻的岁月，在案牍和觥筹的交织里，有一段时间忽然想要去找一个静谧悠远的地方，远离喧嚣，可以独自品茗焚香，想一些天马行空的事和无影无踪的人。在我的设想里，那也许是深山，也许是海边，总之不会是灯红酒绿的城市。如今，那时候去过的深山，现在已经与闹市融为一体，那么，还有海呢？

二

刚到宁德落脚的时候，他们说海离城区很近，可是我好长时间里一直没有见到。金蛇头的名字就是我在找海的时候被我记住的，感觉离城区很远，要穿过细长的小路，东转西绕才到堤上。现在，只需用手往东湖的那个角落一指，它就安静地躲在那里，从岸的这边看，虽然不很清晰，但也不是太远了。过了金蛇头，就是被长长的金马海堤阻在外面的海。潮水通过二十五孔桥挤进东湖里来，把东湖的水挑逗得“半天高、半天低”。

华灯初上的时候，走在北岸的栈道，看两岸的高楼在东湖的倒影，我记起来，其实在不算久的以前，这里还曾经是一大片的海，就因为金马海堤，才把它围在了城里。我们一直走在海的中间，只是没有把它当作海。

它其实还是海，虽然有霓虹闪烁，人头攒动，但也有潮来潮去，鳞潜羽翔。不过它被围起来太久了，久得都让我忘了它是海。

三

白鹭是东湖里的常客，我也偶尔看见过野鸭子，羽毛灰黑，总是离我们很远，大概是被人欺负的时候太多，它觉得我随时都会从腰间掏出枪来瞄准，所以在湖畔散步的时候见得很少。

我在朋友拍的相片里见过好多它的身影。有时候翻飞，有时候聚集，它留下的剪影总是很煽情，配上一平如镜的东湖水，像极了小时候养过的小鸭子，只是眼神里多了些慌乱和狐疑。我猜测，在被长焦对着的时候，它随时都在准备逃离。

这片曾经的滩涂本该是它们的，在没有这片楼林的时候，它们在岸边的草丛生活嬉戏，在浅海逗弄鱼虾。从朋友的相册里，它们一直都在，可惜我总是起得太晚，没能够看到它们成群结队在湖上飞翔的样子。

四

穿过东侨的新城，穿过堆叠的楼盘和往来的车龙，在这片澄静的湖边，看遥远的高楼在水中的倒影，夜空低沉，星光被灯火淹没，身边的人们匆匆地来，又匆匆地去。我分心想起年轻时的梦。那样的梦适合在年轻的时候做，那个时候，流水的时光还没有遇上礁石，所有的故事才刚刚开始。

只有走过岁月，才知道流水自有它的道理。该在的依然还在，有的时候，只是变换了名称、变幻了色彩，有的时候，仅仅是错过了相见的时节。那一片深山和海湾从来没有离开，只是多了许多闪烁的灯火。现在我已经知道，其实没有什么需要逃离，纷扰的只是红尘，不变的都在灯影遮蔽了的星空后面。只要心静，随处都没有喧嚣。

湖面轻轻荡着波纹，一圈圈地把那些嘈杂的声响和斑驳的光影推开，渐渐都融进夜幕。我停下脚步，拿着手机，记下了这夜的美好。

东侨，秋日午后的诗情

萧　然

秋日，走进东侨，把自己揉进大自然的清新。

秋日午后的东侨，是一幅流动的水墨画。空气是流动的，清润着我的思绪；风儿是流动的，触摸着我的灵魂；南北岸公园的植物和花草是流动的，开阔着我的视野，顺着我的眼幕流进了我的心里，凉丝丝，沁入心田。我知道，此时我已经融进了这幅流动的水墨画中，我的心也跟着秋日的美景在画中荡漾开来。东侨的朝气，东侨的魅力，东侨的诗意，让我沉醉于水墨画般清新饱满的午后，让我沐浴在充满浪漫气息的意境中，呼吸着顺畅的气息，洗涤着自己的灵魂，如空灵一般，被眼前的美景所陶醉。

站在塔山望东侨，东方的天际升起一轮橙红的圆盘，那橘红色的光芒染红了整个东边的天际，远处的群山被轻烟环绕，在阳光的照射下若隐若现。十月的山峦将我无限的依恋揽入它的怀中，在那迷离的湖光中、在若现的海堤上、在那清澈的白色飘带中蔓延，让我充满了无限的遐想和憧憬。十月的秋风吹干了枯草粘连的泪珠，十月的秋风埋葬了夏日的轻狂，蛐蛐在秋风中低吟浅唱，南归的大雁在做最后的回望，刺眼的光晕中撒下蒲公英飞翔的希望，褪色的视觉中弥漫着深秋的气息，轻嗅山涧中一捧凋落鲜花的芬芳里，沁着多少美好缤纷的回忆。时光的积淀，岁月的洗礼，季节的更替，在这易换的季节里也有我多情的期望。

东湖之畔，清波熠熠，秋风荡漾着绿水，嬉戏出一串串涟漪，由近及远，缓缓扩散。一行白鹭拍打着翅膀，在碧水之上悠闲盘旋，偶尔，有一两只“嗖”地扑向水面，想必是啄到了喜欢的美食吧！湖岸边，色彩缤纷的树叶、叫不出名儿的野花，随风起舞，倒映于水中的倩影，在微波里仿

若哈哈镜中的影像一般，令人忍俊不禁。不远处，端坐着几位垂钓者，他们将装着诱饵的鱼钩随线往水面撒去，然后，静静等待。有鱼上钩，垂钓者沉稳地将上钩的鱼慢慢拖近，起钓，小心取下装进鱼篓。他们气定神闲的样儿与这秋日里自然美景特有的淡定与宁静，交织成一幅素洁清雅的画卷，令人心醉神迷。湖旁的芙蓉花，开心地笑着；那一簇簇金黄色的小野花，活泼地舞动娇小的身躯，骄傲地显示着自己秋日里独特的风韵；芦苇有些干枯的茎秆跳起优雅的华尔兹；蝶儿在飞舞，鸟儿在欢歌，两只蚱蜢春心荡漾……放眼望去，深蓝色的天宇下飘荡着朵朵白云，一栋栋别墅小楼掩映在绿树之间。小径边，不知名枯萎的小草，相互缠绕，接纳着秋风，从未有丝毫的抱怨，从未有点滴的埋怨。似乎只有秋风的凛冽才能让它们

的种子埋得更深，等待来年的一场春雨让它们再度苏醒。我不由得佩服小草这种坚毅顽强的精神，真是野火烧不尽，春风吹又生。栈道平台上，孩童雀跃，放飞斑斓的风筝……好一派醉人的秋日风光！难怪清知府李拔诗叹："水满东湖绿未匀，个似西施未嫁人。"

面对此情此景，我静静地体味，思绪漫无边际的畅游。"自古逢秋悲寂寥，我言秋日胜春朝。晴空一鹤排云上，便引诗情到碧霄。"唐代诗人刘禹锡的诗又一次浮现于我脑际，一首多么热情奔放、脍炙人口的《秋词》啊！眼前东侨的秋景秋韵，不正是诗中景象的生动再现吗？"一年一度秋风劲，不似春光，胜似春光，寥廓江天万里霜。"伟人毛泽东这首《采桑子·重阳》又是何等的浪漫与壮丽！郁达夫先生也有过这样一段吟咏秋天的文字：

“秋天，无论在什么地方的秋天，总是好的；有感觉的动物，有情趣的人类，对于秋，总是一样的能特别引起深沉，幽远，严厉，萧索的感触来的。一定会感到一种不能自已的深情。”而秋天在台湾女作家张晓风的笔下，阳光是“耀眼的白，像锡，像许多发光的金属”，秋天更是“坚硬明朗的金属季”，是她深爱的。张晓风对秋心存迷恋、虔诚和敬畏，同时她也希望，生命也如这般，“只有一片安静淳朴的白色，只有成熟生命的深沉与严肃，只有梦，像红枫那样热切殷实的梦”。秋日东侨，就是这样一幅诗意的画，令人无限留恋，深深回味。

人到中年，早已没了秋风的淋漓，多的只是静静的守望，守望心中的那片寂静，默默释放心中那多情的期望。感受叶的枯黄，感受花的凋落，不再为季节的变换而莫名的忧伤，花开一季，草木一秋，不再为碌碌无为而莫名惆怅，唯有在记忆的风尘里，岁月的轮回中，在秋风中轻轻的私语，在秋风中默默地咏唱。正如诗人威·卡曼《一首流浪者的歌》所咏叹：“秋天的某些特征和我的血相近 / 有一点我的风度，还有一点我的性格 / 我的心像一首押韵的歌词 / 时而泛黄，时而呈紫，时而转红 / 韵律极至。”

站在光阴的渡口，描摹写意的人生，总感觉时光从指缝中仓促溜走，总感觉时间的不够用。一曲《时间都哪儿去了》，唱红了大江南北，唱痛

了老少，也让我扪心自问，时间都哪儿去了？还没有好好感受年轻就老了，养儿育女一辈子，满脑子都是孩子哭了笑了，时间都哪儿去了？还没好好看清这个世界，眼睛就花了，时间都去哪儿了？柴米油盐一辈子，转眼就只剩下满脸皱纹了。秋风袭来，掠过我茫然的脸庞，但袭来的还有迷人的秋阳，有一束温暖的光亮射进了我的心房。东侨在甜蜜中将我迷醉。我将用手中的笔，记录时间的点滴，岁月的轮廓；我将用手中的笔，写下岁月的脚步，记下它芬芳的模样。

放飞思绪，让我斟满秋天丰收的酒杯，摇曳着酒的醇香，独自迷醉。正如这秋色一样，埋下种子，就会有春天的希望。

那，就让我在东侨秋日的午后独自私语吧，堆砌多情的文字，去沁润我一生一世的浪漫情怀……

城市牧歌

许陈颖

一

年轻时，做过这样的白日梦：在宽广辽阔且芳草萋萋的草原上行走，远处隐约散着几只牛和羊，空气中弥漫着的是泥土味的草香，几个志同道合的人一起背着行囊，慢慢地走，慢慢地走过人群，走过村舍，走过河流，走过星月，走向不可知的另一方天地。或许，年少青春时，每个人都对牧歌式的诗意生活产生过向往。

可惜，年复一年，始终没有走出过这座城市，红尘万丈中，与更多的人一样，为生存而努力。

二

曾经，我把家安在蕉城这头。但是，我工作的地点，却在东侨的那头。

每天早上，从蕉城出发，绕行东侨，穿过大半个城市才能抵达我的工作单位。家门口，是一条狭窄的通道，车与人之间，车与车之间，不可避免地拥堵、摩擦。耽搁的不仅是时间，还有心情。若遇到雷雨天，车窗外两个小雨刷机械而紧张地扫动着，一路从机关幼儿园、宁师附小、宁德五中……满怀揣着的，都是小心翼翼。

行至东侨新区时，宽敞笔直的新路，层次鲜明的绿化，鳞次栉比的建筑，所有的呈现都令视野蓦然变得开阔、明亮。于是，有些东西渐渐舒缓，如小雨刷的紧张，如开车人的心情……

我的上班之旅，从东侨开始，便带有了观光的意味。

车渐行，遇天桥。世上多的是宏伟的建筑和各式的天桥，但从这座如巨龙般的海上天桥经过的，不是行人，也不是汽车，而是南来北往、途径宁德的动车。若是有亲朋好友来宁探访，即使只是抬头的一瞬间，望着天桥上的白色动车，混着天光的变化疾速驶过，绵长而温馨的期盼就会从心底涌起。而那动车上的人，经过了这样美好的城市，应该也会留下一缕眷恋的目光。

北岸，是必经之路。开放式的公园，环绕着的是东湖。层层叠叠、远远近近的山峦为东侨带来了沉稳的身姿，水光潋滟的东湖则为东侨安上一双灵动有神的眼睛，清晨湖面上的薄雾尚未散去，静静缭绕、升起，乳白的，或是清白色的。随着季节依次开放的各色花朵，红黄蓝白，点缀在草丛间、灌木中，在不同的绿色里摇曳生姿。各种的色彩融在一起，一片接一片地从车窗前扬帆而过，每每这时，盘旋在心底的少年牧歌再次响起，常常会柔软了心扉，不忍离去。

车在减速，周旋于日常生存的节奏也在减速……慢慢地开，慢慢地开到分叉路口。往左，是宁德的动车站。整个车站外观设计成闽东的风景名胜之一——廊桥的形状。到了夜晚，夜色的黑幕背景之下，灯光串起了“廊桥”的身影，整个建筑在现代之外透出古朴的味道，像个端庄稳重的成人，

打开胸怀，温暖地守护着来来往往的旅客们。

向右，到了目的地——宁德师范学院，闽东唯一的本科院校。晨光里的校园，静谧里蕴藏着蓬勃的朝气，柔媚中洋溢着激情，来自全国四面八方的学子们，在他们最美好的时光里，来到这里，用青春铸写梦想，用努力换取明天。占地近千亩的校园，已经建设的与正在建设的，散落出和东侨一样的生机勃勃的新姿态。

路景即为风景，风景就藏在路边，或许，这就是东侨的诗情画意。

三

因为爱上一片湖，我把家安到了东侨。

临湖地美，爱湖者多，所以这个湖边接连兴建了许多的楼盘，“东湖豪门”“东湖御景”“君裕东湖”“东湖一品”“东湖品臻”……多少楼盘的大号都争先恐后地挂上“东湖”，一点也不忌讳重复，因为他们知道，百姓们对这片水的爱。而且，这些楼盘也因为挨着这个美丽的湖而身价倍增，一旦开盘，前来买楼的人几乎可以用趋之若鹜来形容。在楼市最低靡的时候，这些挨着东湖的楼盘依然是百姓宜居的向往。

这片东湖，是东侨人的花园。她又如一面大地之镜，倒映着东侨的人世变迁。

湖之灵动，在于海洋向陆地的延伸，在潮涨潮落的变化中泄露湖水一生的秘密。潮水落下，近处浅浅的水位已足够溢出盈盈的眼波，扑闪在初升的阳光里，诉尽当年往事。五十多年前，整个东侨仍沉浸在海水里。勤劳的人民把海水驱赶到金蛇头之外，那么东湖，应该是海洋遗留在陆地上的一道血脉？东侨虽新，但是，东湖之水却已千年，湖边木麻黄回忆着当年的郁郁葱葱，一拨又一拨优雅的水鸟在此繁洐生息，数以千计的归国华侨在这片土地上辛勤耕耘，把一片荒凉的土地开发成充满异域风情的华侨农场。1997 年，福建省政府看准这片肥美之地，至此，天时、地利、人和，万事俱备。短短几十年间，东侨换了气象，沧海桑田间，东湖是一切的见证。

暮色四合，沿着刚建好的木栈道缓步而行，看潮水一点点涨起，适度的霞光把四野拢在水红色的余韵里，远方的彩虹桥，环绕着的建筑群，高高低低起伏的小山丘，还有那一方镇守宁德的如意宝塔，交相辉映在这方镶满芳草的湖泽之镜里。风起，周围的芒草微动，惊动的，却是观湖者的心。我们只是这世间的短短幻相，依傍却是如诗如画的千年生命，这样的

相依相伴，有时，真让人觉得生命是一件太美好的东西，就如，瓦尔登湖之于梭罗，无论选择什么样的方式度过，都是值得的一生。

四

“充满劳绩，但仍诗意地栖居在这片大地上。”这是伟大的哲学家海德格尔曾借用荷尔德林的诗，对人的最好的生存状态做出深刻的阐释。在东侨生活、工作的间隙，且让我们坐下来，纵容一下疲倦的自己，看一看这城市四周的风光，听一听湖水里万千生命的涌动，把少年时代向往的牧歌生活在城市里变为现实。

新城

金丹丹

周末，常常四处走走。我是这个城的孩子，这个城就是我的。乡下的祠堂里有我的名字，因为考上了大学还特地用红笔描成荣耀的颜色，而爸爸的墓地也安在城北的青山间，一年三次带着孩子去祭扫的时候，站在高山之上远眺东海，就如同天上的仙人到了凡间去看人烟繁华，有山川日月都是亲戚人家那样的心思。

一有空总会去溜达。20 岁的时候谈恋爱，喜欢两个人在老城的小巷里走着看着，看那些我爸爸也曾在春联上写的字如何刻在巷里人家的墙头；看我家后院也有的青砖怎样铺在别人家的墙上。30 岁的时候就去看各种各样的宫庙，在这个城市里藏着多少小小的香火鼎盛之地啊，管转水的娘娘，管财运的大圣，管子孙的观音，管讼事的城隍，还有管文才的老爷，管谋事的公主。在各种各样大红金线的帐幔后面隐藏的各种各样庄严肃穆的面孔，我曾久久对看，若有所得，又总觉得哪里不足。他们有话要说吗？关于这个城的旧事和脉络？关于古代的悲欢和人情？但他们说的太小声了，我的智慧尚不足以听见。

所以这几年渐渐不再看他们了，倒是常常向东，往东侨去。城市往东，地势越来越宽敞，楼房越来越崭新，好像小姑娘换了件花衣裳，有了不一样的表情。

常常在塔山上坐。新塔新石凳，处处豁朗。山下茶树层层，好像笔划温柔的诗行。当然，最好看的是人。有次看见一个年轻女子骑着电动车带着个老太太上来看塔。两个人带着一袋桔子上来，年轻女子剥给老太太吃，半个早晨无事，就是吃了半袋桔子。看见我在边上，老太太还给我递了一个。

有塔为邻，前面就是东海，门庭广阔，好像所有的宁德人都是熟人亲眷了。我安心吃了桔子，还听她们聊了半天有关买房子的事。她们是一对婆媳，要买的房子就在塔山下海滨的漂亮楼盘，上塔山换个角度来看看。我听她们算来交房和装修的事，事事细致，只觉得这个城市是如此的安稳。

还有个周末，在南岸，遇见一大家子四代人。他们家的小男孩和我的孩子都在公园步道上骑着车玩，大人都在长椅上坐着看。我用宁德话和他们打招呼，他们说，不是宁德人哦。是四川的一大家子，最早是孩子的爸爸妈妈来打工，最后开了个小的装修材料店，然后把爷爷奶奶姑姑姑丈都带出来，分别开了小吃店和窗帘店。“那是在东侨安家喽？”我问。爷爷大力点头，这里好，这里好。扬手再见的时候，他们邀我有空去他们店里吃东西：就在万达边上！我一个人继续在阳光灿烂的长椅上坐着，第一次意识到我的城市如今慢慢也成了更多人的家乡，安顿安抚了更多的人成了我的邻人，这是端坐在我儿时旧屋边表情肃穆的城隍老爷转水娘娘们也会

高兴的事吧。

我甚至遇到过让我惊讶的人。年前在漳湾工业区路口遇见一个等车的年轻人，天空下着雨，就顺路就带了他一程。这个年轻人是上海某著名大学的研究生，在这里一个高科技企业工作。年轻男孩子很健谈，一路聊他们企业里的年轻人，据说像他这样从上海引进的人才，光在他们企业就有几百个。我默默地听他讲了一路，心里想的都是十年之前，也是大学毕业的我，和我的同学们向往一个上海职位的渴切心情。有什么事情不一样了吗？大雨的车窗外，缓缓经过一个又一个新企业，一栋又一栋新厂房，我有些微微的惭愧了：我早应该更经常到这城市东边来看看，看看和青砖小巷、烟火人家已经完全不一样了的这座城。

安心地

陈　珊

幽幽东湖，令无数摄影家魂牵梦萦的地方。

这里，激发了摄影家丰富的创作灵感，一幅又一幅佳作在此诞生。

只是，我们不谈摄影，只谈家。

我们的家。

鸟，安心处；人，安心地。

朋友在外工作数年，如今终于回到宁德，并在东侨安家。

这日，天色晴好，我与她一同漫步于北岸栈道。蓝天白云、高楼绿树，一齐落入了盈盈的水波之中，成了一湖的风景。不过，在我看来，东湖之中，最动人的仍旧是湖中的水鸟。

不知从什么时候起，大大小小的白鹭，成了这片湖的主人。有的三三

两两地凑在一块儿窃窃私语，大概早就抱团做了闺蜜；有的翱翔于湖上，享受着那不羁的风；有的正扎头捕鱼，俨然在实践着“自己动嘴、丰衣足食”的至理名言。还有一只白鹭，大抵是东湖鸟群里的文艺青年，独自一鸟停在一枝浮木上，举目凝神，若有所思。

它们惬意的生活吸引了无数游人，大家纷纷拿出相机、手机，驻足拍摄。白鹭似乎早已习惯了这些镜头，依旧怡然自得。

“你看！这些白鹭，在东湖有吃有喝，还有一众粉丝围绕，日子过得多滋润。”我笑着说，“我们的东湖可热闹了，除了白鹭，还住着上百种鸟类。有的是老住户，有的只是过客。”

“其实，不管是鸟，还是人，都在寻觅着一个安心之地。”朋友望着湖心。

我曾经以为，只要能够适应环境，到哪都可以生活得很好。直到我知道了朋友在外漂泊的故事，改变了我的以为。

在我的眼里，朋友一直是个无所不能的姑娘。大学毕业，她独自来到陌生的城市工作，自己找房子，自己安顿生活，把自己的小天地打理得整洁温馨。我常常看到她在朋友圈发的照片，和同事游山玩水、逛街吃饭，不时唱唱歌，看看电影……日子似乎就像糖果一样缤纷甜蜜。

然而朋友圈的照片，永远是给别人看的，照片以外的真实，只有自己明白。在外面的日子，看似热闹欢腾，实则孤寂不安。她，终究只是一个女孩子。赤手空拳地面对一个陌生的地方，没有亲人，没有熟悉的朋友，独自一人住在一小套租来的房子里。

有一天晚上，一阵门铃声划破了宁静，她穿着睡衣，从床上爬起来，一步一步走到门口，趴在门前，从猫眼里往外看，外面空无一人。一股凉气从她的背脊往上蹿。一整夜，她都不敢合眼，悄悄地拿来一把水果刀，藏在床头柜里，好不容易才熬到天亮。天亮之后，她立刻买了一双男鞋，摆在门外。而后的每一个夜晚，只有开着灯，她才敢入眠。

没多久，突如其来的病痛让她陷入一场更深刻的狼狈。大半夜突发急性肠胃炎，剧烈的痛楚把她从困厄的梦境拖进了苍凉的现实。在一个无亲无故的地方，所有的关心与爱护，都与她隔着一座城市的距离。脑袋里浮现起父母脸，可是她怎么敢给他们打电话？她用尽最后一点力气，自己拨了 120。那时候，医院的病房不足，她一个人躺在过道的病床上。妈妈正好打来电话，泪水在她的眼眶里打转，只是，所有的辛酸到了嘴边，都成了一句："我很好……"

病愈之后，她唯一的目标就是回家。

"漂泊在外，就像一只没有家的小鸟。这家不是一间房子，而是一个可以让自己安心的地方。如今回到自己的家，每一天都睡得安安稳稳。打开窗户，面朝东湖，我觉得这样的生活，再好不过。"细碎的阳光散落在朋友红润的脸上。

我曾经羡慕过朋友的勇敢与独立。毕竟我是一个太过安逸的人，从来没有勇气出外闯荡，从来没有勇气做一只没有脚的鸟——不停地飞、飞累了就睡在风里的无脚鸟。现在再想，我也好，我的朋友也好，都只是再平凡不过的人，或早或晚，都需要家，都需要一个让自己安心的地方。

与放浪不羁爱自由的无脚鸟相比，我更愿意做一只东湖的水鸟。在晴日里，欣赏潋滟的水光，在烟雨中，品味空蒙的景致。饿了，吃几尾鲜美的鱼，渴了，饮几口甘甜的水。寂寞无聊，就和同伴聊天闲扯，偶尔想要散心，就扑腾着翅膀在这座城市里玩一场自助游。夜深人静，就闭上眼睛，甜甜地睡上一觉。

鸟，安心处；人，安心地。

恋上一座城

黄钲平

一

半城青山半城湖。

城中有湖，湖景如画，鸥鹭成群，宛若世外桃源。

坐拥 600 多公顷的东湖国家湿地公园，有“百鸭嬉水、千鹭归湖、万鸥翔集”“观鸟天堂”的美名。

深秋。卯时。东湖已透着寒意，但抵不过人们的热情。芦苇荡边，摄影人的“长枪短炮”严阵以待。在微微的晨光中，退潮的滩涂仿若金灿灿的舞台，翩翩起舞的白色精灵开始登台，她们，是霓裳羽衣曲的主角。

白鹭、苍鹭、红嘴鸥、沙鸥、鸬鹚……突然，有人小声惊呼：“中华秋沙鸭！”顺着指引的方向，远离滩涂的湖面，隐约可见一对野鸭。雄鸭

的头冠散发着绿色光泽，雌鸭的淡黄色羽毛泛出一抹金色。我们通过手机上网得知，中华秋沙鸭距今已生存了一千多万年，被称为鸟类的活化石，属国家一级重点保护动物。现全球仅存一千只左右，比大熊猫还稀少，已列入国际濒危物种红皮书和国际鸟类保护委员会濒危鸟类名录。

古人云："人为灵，鸟为半灵。"鸟是环境最好的评判者。那些随季节南迁北徙的候鸟，总在不断地寻找属于自己的家园，当一座城市的善意和生态被它们认可后，来年它们就会呼朋引伴、拖儿带女回到"家乡"。这些精灵选择了东湖，就是对这个滨海新城生态最好的认可。

大批的鸟儿在这里或栖息，或嬉戏，或捕食。我们置身于鸟的天堂，心旷神怡。清风徐来，大片芦苇摇曳生姿，相映成趣。刹那间，心底有个声音，回应了许久以来对幸福的诠释：每天从鸟鸣声中惺醒过来，看羽翼划过湛蓝的天空，聆听这上苍赐予的难得的耳福！

二

因了毗邻东湖的缘故，南岸公园和北岸公园便多了几分的灵动。她们如同两条翡翠带延展在东湖两岸，形成独具特色的城市休闲观光带。东湖

的生态环境也因此获得“中国人居环境范例奖”。

秋日的午后，最吸引人们眼球的，莫过于南岸公园的菊花展。顺着公园大门往里走去，道路边、舞榭上、草丛中，粉、红、黄、白各色菊花争奇斗艳。参展的塔菊、悬崖菊、大丽菊等品种的菊花争奇斗艳、异彩纷呈。塔菊似塔，主干挺立，以高取胜，花朵繁密，层层叠起；悬崖菊则大多趴在两侧的高墙上，如列队的士兵迎接人们的检阅。“凤凰来仪”“鸳鸯戏水”“有福之鼎”“孔雀开屏”“银菊流芳”……一簇簇造型独特、惟妙惟肖的菊花部落，无不给人美的体验和心灵享受。整个公园因了菊花的装扮，妩媚多姿，韵味深长。

与南岸一湖之隔便是北岸公园。观鸟平台、亲水栈道、绿野沙洲……莫要辜负这美好的秋光，你可以骑上单车在林荫道间串游，也可以租条船荡漾与碧波之上，或者选一处靠湖的露天茶座，泡一壶天山绿茶，看芦花摇曳，野鸟飞翔。远离城市的喧嚣，享受淡然恬静，或许，你就会明白，秋月赏菊是美丽，粗茶淡饭又何尝不是幸福?

三

在东侨说到山，那便是赫赫有名的塔山。

塔山是这座山、湖、城相依相融的滨海新城的魂。山因其上建有九层如意塔而得名，自古就有宁川胜景的美誉。如意塔旧称灵瑞塔，因坐落于烟波浩渺的东湖酒屿（塔山）之上，又名酒屿塔。在东湖塘没有围垦之前，酒屿周围湖光潋滟，岛屿罗列，孤塔高耸，每到夜晚，渔灯点点，清风习习，灵瑞塔“潮平月上，影如龙蛇。”

关于塔山，一百多年前已经蜚声海外。前些年，宁德一文史爱好者无意中翻阅《寻找1906—1909：西人眼中的晚清建筑》一书时，发现了一张德国建筑师恩斯特·柏石曼拍摄、标名为“福建三都澳的城市和港湾”的照片。这张弥足珍贵的照片，拍摄于清光绪三十二年（1906年）至宣统元年（1909年）之间，照片中，酒屿之巅的七级石塔高高耸立，依稀可辨。

民间盛传，塔始建于南宋宝庆三年（1227年），由时任宁德主簿丁大全主修，后损毁，历次修建，终在民国27年（1938年）七月倒塌。但后人仍把这无塔之山称为“塔山”。旧时宁川的学人士子，进京赶考举子，新任知县“七月七夕祭文昌星”，都要到塔山祭塔，已成习俗。1997年重建如意塔，九层八角，高58米。内室外走廊仿宋结构，有四十尊石雕佛像，四面临风，檐铃入耳。

登临塔顶，一种怀古追思的情怀涌上心头，一座城，可以从这里寻根问祖。

四

下得山来，穿过金马海堤，便来到一个叫作鳌江的渔村。寻一处渔家乐，叫店家随便上些菜。依窗而靠，凭海听风，落日熔金，渔舟唱晚，倦鸟归巢，与近处的海水、远处的群山，构成一幅绝美的山水画。这幅别有韵味的落日图，只有身在其中才能体会和欣赏到。

靠山吃山，靠海吃海。店家端上的，自然是一桌海鲜。原汁原味的土笋冻，鲜嫩清脆、晶莹剔透、凉喉爽口；淡水与海水处孕育的锯齿青蟹，肉厚味嫩，鲜美无比；和上淀粉，用鸡蛋勾芡的海蛎煎，泛着金黄的油光，香酥可口；爆炒章鱼，韧性十足，果是人间美味……当然，最让人意外的是那盆活蹦乱跳的醉虾，能吃到如此生猛的海鲜，也算是人生的一大幸事。

若是此时，能邀上三五好友，呷着黄家老酒，在此小酌欢聚，那就更好不过了。天色渐暗，从村口飘来悠扬的二胡声，百转千回，这种豁然贯通，而又直抵人心。

月上柳梢，客人渐次散场，渔村恢复了宁静。明天，周而复始。生活每天如此，呈现出最朴素本真的样子，平淡又丰盛，安宁而富足。

到东侨去寻找幸福

杨　艳

“到城市去寻找幸福！”这是高考前夕，我的诗人老师在黑板上写给全班同学的祝语。一转眼，那场“千军万马过独木桥”的考试已经过去十多年了，但这句话还记忆犹新，而我也的确一直奔波在各个城市之间，寻找着属于自己的幸福。

高考结束后，我第一次来到宁德。那是怎样的一座城啊，在我心中，她还不如我老家的县城。坑坑洼洼的公路，低矮破旧的楼房，拥挤狭窄的街道，垃圾随处可见，人们的脸上，写着和老家耕地的农民一样的表情。我失望透了，一下子没有了乡巴佬进城那样到街上见见世面的冲动。当然，那时也没人告诉我，宁德还有一个东侨，因为她还不存在。

从宁德回去以后，我立誓一定要报考到很远很远的地方去，到遥远的城市去寻找未来。命运捉弄，我没有走远，而是在省内的另外一个城市上了四年大学。但是对远方的憧憬依然没有改变，那时的我，总是对日本诗人谷川俊太郎说的“一生只是为了停留在一个地方”不以为然，固执地相信那个时代流行的米兰·昆德拉的小说名所说的“生活在别处”。

大学毕业后，我毅然去了遥想中的青岛。那真是一座人见人爱的城市。“青山绿树、碧海蓝天、不寒不暑、可舟可车、中国第一”，这是在青岛安度晚年的康有为对青岛的评价。除了这些，你还可以看到，一座座挺拔的现代化大楼高耸入天，干净的柏油公路静默地延伸着（有时是伸向海里的），两边是体态优美的行道树，修葺齐整的草坪如美丽的绿毯，上面点缀着各色明亮的鲜花，仿佛上帝的画作，让人恨不得将它卷起来统统带走。就是一些旧街区也井然有序，泛发着质朴厚重的历史韵味。然而这一切，其实不过是一个游客初到青岛时的肤浅感受。那样的城市，是需要你生活在其中，在无数个清晨或者黄昏，走向街区，走到海边，去细细体味的。青岛的海是迷人的，站在海边，像是什么在呼唤似的，总有跃入她怀抱的冲动。青岛的空气是透明的，就像著名山水诗人孔孚的诗所描述的：“青岛的风 / 玻璃似的 // 人游在街道上 / 像鱼”。青岛的节奏是慢的，行人闲散，车子静驰，他们好像从来都不赶时间，不用为什么奔忙，只是为了来这地方享受一番。时常，还会有一家三口的老外从身边经过，带着口音说可爱的汉语跟人打招呼……

但是，无论我怎样喜欢那座城市，她终究不是属于我的。我的南方口音，我的南方身材，我的南方生活习惯，我在南方的亲人，时时刻刻都在呼唤我，回到那属于我自己的地方去。然而，在那样美丽的都市里，我想起的老家是多么黯淡啊！我没有回来，随后又去了苏州、厦门和福州生活。

第二次来到宁德，是十多年后的事了。已经在宁德生活过几年的高中同学，带我去逛的第一个地方，叫东湖北岸公园。

坐在同学的电动车上，经过五中、高级中学、山水大酒店、行政服务大楼，沿着海滨一号、水岸阳光、东城国际等崭新的楼盘，来到北岸公园。一路上，视野所及，高楼林立，车流如梭，绿树成荫，鲜花锦簇，蝶舞虫鸣。

而迎面而来的那一湖风景，更是让我始料未及。都说湖是城市的眼，而眼睛是心灵的窗。乍一看东湖，感觉就像刚被掀起盖头的新娘，睁着楚楚动人的眼睛等着你，诚如《诗经》所诵“美目盼兮，巧笑倩兮”。再看就不禁想起苏轼的名句“淡妆浓抹总相宜”了：岸边树影婆娑，芦苇轻摇；湖水宛若明镜，倒映着青山、白云、绿树和高楼，如诗如画，如梦如幻；常有白鹭似女神起舞，优雅的翅膀划过湖面，一个涟漪便荡漾开来；湖面上的一切，惹得游人忍不住坐上系在岸边的小船，划入湖中，似想打捞湖的美，殊不知自己也成了这湖上的景；游乐场上欢笑声不时传来，提醒游人，这里不是梦境……沿着北岸公园走向三都澳迎宾馆，你可以看到满面春风的老者在健步行走，可以看到年轻亲昵的情侣在诉说浪漫，你还可以看到嬉笑奔跑的儿童在放飞风筝……再远处，雄伟的跨海大桥舒展着的身姿淡入远山和大海，海面帆影绰约……

原来，这座我记忆中不是城市的城市，这些年来一直在蓄意一场巨大的惊喜，像是要对我的背弃来一个善意的惩罚。毫无防备，我在被震撼的同时，心柔软了。站在东湖岸边，想起了我喜爱的青岛，想起了填湖而建的苏州金鸡湖，想起了厦门的筼筜湖，想起了福州的江滨，这么多年我流离辗转所追求的城市生活，其实就近在眼前！而我们的东侨，不但也拥有这些美好，她比那些远方的城市，多了青山绿意的拥抱，多了清新甜润空气，多了轻松惬意的氛围，更重要的是，多了一份归属感，如母亲般温柔和暖。

再一次回到宁德，我没有再离开。

冬至那天，我爬上塔山，登上如意塔。这是我第一次从高处一览东侨的全貌。冬日的午后，天空蔚蓝，一道道璀璨的光束打在远山、湖面和楼群间。同行的告诉我，眼前的东侨，曾经叫东湖塘，那时的她拥有的是荒凉和寂寞。我没有见过东侨的过去，也无法想象她的沧海桑田。只是望着山水的东侨，水墨的画面，如痴如醉。他们向我介绍了大批正在东侨紧张施工建设的项目，如声立方、新能源公司等众多的“金娃娃”。一路上，我沉默不语，深深地陷入了一个梦境，一个关于东侨还将有怎样金戈铁马的雄姿的梦……

一年当中，我最喜欢的节气，就是冬至。那天之后，白昼越来越长，光明越来越多。冬至观东侨全貌，我深深地笃定，东侨的明天会有怎样的灿烂。东侨，“你有大海一样广阔的前程”，我也一定能在这里寻找到我想要的幸福。

我不再做一只迁徙的候鸟，只愿在这里诗意地栖居……

心随花开

柯婉萍

恋上东侨

我不知道自己是更喜欢一见钟情，还是日久生情。总之，对于东侨，我恋上了，就不再改变。

少年时的东侨名叫“东湖塘”。它背靠城区，潇洒地选了一个最舒适的姿势，安然躺在大海之上。伴着潮汐一起呼吸，它的眼角眉梢总泛着湿润的气息。白鹭鸟迷恋这样的眼神，总一遍又一遍流连于它的视线中。那是大自然的舞者，没有谁能抵挡得了这样的诱惑。可“东湖塘”却闭着眼

睛，含一片柳叶，吹着一首重复不变的笛音。肤色黝黑的华侨听懂了笛音的情绪，他们辛勤劳作，为它编织四季的衣裳，将深深浅浅的绿肆意泼洒，收获着一季又一季的喜悦。

偶然间闯进这片绿野，我便着迷于它的纯粹。高高的木麻黄树、一望无际的田野、宽宽的芭蕉叶、飘在池塘里的浮萍、不经意跳到脚边的青蛙、水葫芦紫色的花……也许，有一份情在那么早的时候就已然埋下。可是爱做梦的女孩，喜欢在寂静的旷野上，放逐自己的梦。

之后，我离开家乡外出求学，“东湖塘”也似乎淡出了视线。仿佛就是一瞬间的回眸，曾经的“东湖塘”，已悄然转身成了东侨经济开发区。那时候，能被列为经济开发区是一件很自豪的事，因为它代表了前沿，彰显了与众不同的发展速度。果然，经过16年的发展，东侨改变的速度令人刮目相看，如今，它已升格为国家级经济技术开发区。原来那片以农业为主的绿色画板上，多了许许多多的色彩。来自东侨的色泽，已辉煌成了一个令人眩晕的符号。宽阔的大路裁剪着东侨的新装，地标式的建筑一座连着一座拔地而起。临海环湖，东侨的楼房，在水中寻觅自己的倒影，对着波光，眉开眼笑。东侨真年轻啊，到处都是时新与时尚。行走在被现代都市气息托起的东侨，曾经的沧海桑田已成为完美的句点。但它曾经最爱的绿，从未离开，随便一挥袖，便是绿意添香。

我向来感叹缘分的奇妙。与东侨的缘，续在某一年的冬季。那一年我搬进了东侨的一个大楼办公。从此，日复一日，与东侨朝夕相处，常常望着塔山如意宝塔，遥想近在咫尺的东海。在这样的环境中，丈量着每一寸心事，写着钟爱的文字，用心闻着东侨每一次的花开。

我喜欢东侨的自信，它的举手投足总彰显着大气。它大手笔、高标准规划着未来的梦想，将一座绿色宜居的海湾新城打造得风生水起。央企、名企纷纷踏足东侨这片土地；拥有高尚生活元素的房地产项目，让人们在自己家中，就能听到小桥流水，感受曲院风荷的美妙；全国最好的侨居房——华侨新村里，老归侨以从容的神态，享受着闲适的生活；优质教育、高等学府为东侨带来了全新的内涵；医院、文化、商贸、物流，让东侨新型城市的形象愈发饱满。十多年时间，生活在这里的人，比开发区成

立之初增加了两倍之多。东侨，你是怎样的一个去处，既年轻却又这样成熟练达？

我还喜欢东侨的优雅。它像一位高明的钢琴师，轻轻翻动乐谱，任由音乐在指尖流淌。它的东湖，风光秀美，环东湖生态景观被国家住房建设部评为“中国人居环境范例奖”。东湖国家湿地公园，将 241 公顷的东湖水域和环东湖南、北岸公园拥入怀中，惬意呢喃。

我喜欢东侨的诗意。微风拂过水面泛着浅浅的涟漪，让灵动的候鸟，有了可以舞蹈的五线谱。白鹭鸟从眼前飞过，仿佛是在街道上行走，突然遇到老友那么亲密自然。生活在东侨的鸟儿无疑是幸福的，东侨人用千般的爱，精心呵护着它们。“天人合一”的和谐画面，是大自然版图上最骄傲的一笔。

那一天，我登上塔山如意宝塔的最顶层。绕着栏杆慢慢地走，移步换景，仿佛在阅读一份排版精致的文学报刊。东侨铺陈360度的美与我对视，那个瞬间，我竟然差点掉下泪来。爱慕东侨，与海水为邻，与鸟儿为友，这份心安与幸福，有什么可以替代？

东侨，恋上你，是我一生无悔的选择！

花香东侨

阳光明媚的秋日，我把一整个周末的时光交付给了东侨这块熟悉的土地。

我是循着花香去的。在这里，走着走着，绿就漫上了眼帘；笑着笑着，就瞧见了花的颤动。这座站立在大海之滨的城市，形成于围海造田，它的

土地吸纳了太多的四方水土，融合了太多人辛勤的汗水，氤氲了太多大海的气息，因此，它的土质要比别处肥沃许多。东侨的建设者是个很有创意的园丁，精心打扮着前庭后院，各色品种的花卉开在四季，营造出东侨花香弥漫的浪漫情怀。

塔山的扶桑花引领我来到了如意塔下，鸟瞰我的家园，时尚大气，移步换景。这座年轻的城市，用最前沿的元素，装点着身体的每一个细节，在她的举手投足间，在她的一颦一笑间，我重回少女时代，有了初恋般的心灵悸动，为她穿一袭长裙，在城市的最高处为她挥动丝巾。倘若此时有守塔人老杨的一曲二胡独奏，更是应情应景。扶桑花若有若无的花香，正如我与塔山每天隔着办公室的玻璃窗遥遥相对，有着恰到好处的距离感。

南岸公园的芙蓉花开得正艳，它像秋天的信使，用粉白、粉红、深红的信笺，为东侨写下一首又一首的情诗。这些诗篇，像藤蔓植物顺着秋的轨迹悄悄爬上我的心头。临水而立，吟诗作画，白鹭鸟从眼前翩然飞过，留下深情一瞥。弯腰拾起的落叶，深深浅浅地写满了很多奇怪的字眼。随风流浪到我跟前的叶片，我真的不知道它努力来寻我是为了想告诉我什么。但那一刻，我真得喜欢上了它。南岸用霸气的手，将我一把拥入怀中，让我心甘情愿与它一起晨看日出，夜听潮声。南岸公园的花仿佛是为我而开，我怎能不为它动心？南岸的步行道旁长着一排茂密浓烈的合欢树，合欢花的世界里有着太多的秘密，它们与爱情有关，可我只选择它的神话传说。秋菊在这里不是以朵来计算，它们一团团、一簇簇炫耀着自己多么丰富而热烈的内心。有风的日子到东侨，一定要在空旷的公园里放风筝。对我而言，在东侨，在南岸，去放飞一只与花朵有关的风筝。

现在，我漫卷诗书，接受了北岸公园的邀请。北岸酿了一坛桂花酒等我前来，丝丝甜甜的桂花香充盈着公园的每一个角落。悠然地走在木栈道上，安静的只听见自己的脚步声。时常有鸟鸣声入耳，开心一笑，似是见到了故人。在这里，我饱览东湖的秀色。环东湖生态景观区尽在眼前，“一湖两岸三山”（东湖，南岸、北岸景观公园，塔山、大门山、金蛇山）各具风流。碧海蓝天、水草萋萋、青山翠湖、繁花绿树，随便定格的，都是最美的摄影佳作。

深秋时节，最不可辜负的芦花也在东侨寻到了。金马海堤用一道美丽的弧线，划分了海与湖的边界。一边是宁静怡人的东湖，一边是浪花点点的大海。人力的作用，造就了奇妙的景观。就连生长在岸边的芦苇也呈现了阴柔与阳刚的不同姿态。湖边的芦花丰满而雪白，与白鹭在风中嬉戏，翩然起舞间，已分不清是芦花还是鸟儿？而海那边的芦苇却一律倾斜着身

躯，深情眺望远山远海。大海之上，一线高架桥贯穿南北，每天通过动车迎来送往四方宾朋，也将满满的人气带进了东侨。倘若我是芦苇花，我一定会守在这儿，飘扬花絮，等着远方的人儿回家。

我要为东侨准备一部织锦机，把东侨的美织进我的梦里。花香东侨，每一次与你对视，我的心便生出无限的柔软。因为，那一刻，在东侨，心随花开！

水韵
东侨

和静的东湖之晨

筱　陈

宁德，有一个湖，名叫东湖。湖的一头连着大山，一头连着海湾，溪水从连着山的那头潺潺流下，海水随着潮涨汹涌而进。东湖的水，淡水与咸水交织混合。

东湖原本是一片滩涂，人们在溪与海湾的连接处筑了一个大坝，因此有了这个人工湖，湖的中央，是大片的湿地，犹如《诗经》描写的“在水之州”，透着空灵。

人们在湖的两岸建了景观公园。我曾经在夜幕降临时伫立在东湖岸边，欣赏着落日余晖映照下的东湖景色，也曾经在夜幕降临后的夏季沐浴着湖边徐徐清风。但是，那都如匆匆过客，从来没有静下心来，细心地享受东湖带给人们的愉悦。

在一个冬日的清晨，我享受到了这种愉悦。

我伫立在东湖的观景台上，眺望远上，似乎还没有苏醒的大山横亘于海湾之上，薄薄的雾如同轻纱柔曼地拂在大山，山本该雄浑的，可是有了薄雾的轻掩，山变得婀娜起来。

远处的山虽然还没有苏醒，东边的太阳却急不可耐地跃出海平面，时而露出一块圆圆的、红红的脸，时而被云朵遮掩着，带着一丝羞涩。云被初升的太阳渲染，红色的、黄色的、金色的，每一道色彩都是那样的温柔、那样的奔放。我不经意地放低眼光，我看到了水波中别有一番的韵致。太阳在水中动，如同一片落叶，舒缓地飘荡着，云彩在水中动，如同一张画布被涂抹的富有层次的画。这绚丽的色彩，透着晨的活力。而在太阳升起的另一边，大山接着天际，山倒映在水中，水变得更深，更加沉稳，让我刚刚心生的躁动复归平静。

天际间，不时有成群结队的鸟儿从东向西飞去。那黑色的鸟儿，在阳光的照射下，羽毛也显得光亮。它们越往西飞，愈失去了阳光的折射，羽毛也失去了光泽。我望着这一批又一批的鸟儿由东向西飞去，直至消失在我的视野中。

再次平视水面，一只鸟儿疾驰在湖面上，长长的脚，细长的脖子，尖尖的嘴。看它的动作，像是贴着水面在行走，可水面上不会激起丁点儿水花。我试图举起相机拍摄这只鸟儿，可它已经淡出我的视野，隐身在对面那一片湿地中。

有诗云，抽刀断水水更流。清晨的东湖也如同这抽刀的水一般，尽管天边色彩斑斓，水中太阳潜游，天上鸟儿飞翔，但，东湖依然给我一种寂静的感觉。

欣赏着晨的东湖美景，早晨的东湖，很寂静。

风水湖

缪　华

到了夏季，这座南方的滨海城市同样也进入“蒸煮”的状态，尤其老城区，被密不透风的房屋堆积着。从海边吹来的凉风，面对里三层外三层的高楼大厦的堵截，过五关斩六将般地来到我们的身边时，已是强弩之末，有心无力。而靠空调来降温的日子，总有一种与世隔绝的封闭感。

自然来风，成为人们夏日里的期盼。当然，这自然风不是脾气暴躁、席卷咆哮的台风，而是心平气和、踏着莲花步款款而来的清风。

酷热难当。风来或者不来，我们都得在夏季给自己寻个凉爽通风地。

在这座城市的东边，有一大片风凉水爽的东湖。初夏伊始，月上柳梢，就有数不清的车流和人流向着城市的东方汇聚，人们或携家人或约友人，穿过大半个城区来到位于东侨区的东湖。沿途，大道的路灯、楼群的彩灯、广告牌的霓虹灯，装扮了东侨的靓丽夜景。抵近，凉风清爽，水汽氤氲。

东湖的南岸和北岸隔湖相对，各有一个沿湖公园。我去得多是北

岸，吸引我的，是这里的高架栈道和观湖平台。凭栏处，湖光水色一览无余，凉风无遮无挡撞个满怀。纵目眺望，东湖如一块偌大的绿色绸缎，柔软、滑顺，被风一拂，有节奏地连片抖动，在皎洁的月光下，用“波光潋滟”来形容湖水，精准得很。沿着两座观湖平台间的木栈道漫步，风景是流动的，湖上有游船缓缓游弋，划着柔情；空中有孔明灯冉冉升起，带着许愿。孩子的蹒跚学步，老人的执手相伴，都是一幅幅人间烟火的生动画面。而紧依着栈道的水泥坪上，同样热闹，有大妈在跳健美操，有市民在演唱歌曲，有孩童驾着碰碰车穿梭，有少年穿着轮滑鞋滑翔……而清风贴心地给每个人送去清凉和欢乐。

相比之下，南岸却多了柔曼和安静。那里的灯光不如北岸璀璨和耀眼，但恋人喜欢这样的情调，卿卿我我，不受干扰，无论是坐在草地上还是倚在木栏边，可见月落湖中的诗意。远处的动车驶过这段沿海铁路时，都会放慢速度，因为不远处就是宁德站。步行道上，成双成对，路有多长，话就有多长。临湖的各种花树记下了他们的悄悄话，然后传递给湖畔的芦苇，听到开心处，一阵摇晃，飘起片片飞絮……

无论北岸还是南岸，都是吹风赏水的好去处，人们喜欢把东湖称为风水湖。要成为一个地域的风水，除了堪舆的结论，还得有历史的佐证。人类最先靠山而居，随着见识的拓展和胆魄的历练，渐渐沿水道走向山外，一直走到了海边。但始终不变的，是临水而居这个充满智慧的生存理念。久而久之，风生水起处就成了风水宝地的必要条件。我们这座城市的几条水道穿城东流，不约而同地来到了这片湖海交接的东湖。而金马海堤外的海水西涌，到了这里，也不再桀骜不驯；悠扬的渔歌在海风里成了催眠曲。

对于东湖，在我的学生时代就留下了深刻的印象。东侨开发区是一片从大海打捞起来的沃土，20 世纪五六十年代围海造田，圈起了这么个大地方。除了湖水，坚实的山坡地成为安置华侨的居住地，而地基松软的地块，则被城里的不同单位用来种粮食。我就读的宁德一中在这也有一大片的学农基地。在那个学工学农的年代，我们时不时带着锄头和午饭来这里劳动。午休时，闲不住的我们就奔到滩涂上挖弹涂鱼、抓螃蟹，拾螺贝，收获是可观的。湖水很清澈，收工时，我们都会欢呼着到湖畔洗手洗脚洗锄头洗饭盒，然后干干净净地回家。当然，那些战利品给父母当配菜一定有奖励的。

后来，我离开这座城市去了外地，回来时已是青年。而来自印尼、新加坡、马来西亚等国的华侨，已经把这块土地打扮得如诗似画。它路通四方，却不拥挤嘈杂；它房屋平整，看不见人畜杂居，再加上异域的文化气息和归侨的淡雅素养，构成东侨的独特风情。但我们始终不忘东湖，得空时，一群老同学相约骑着自行车，任选一条路骑行，哪儿景致宜人便在哪儿下车。临湖而坐，仿佛又回到青春激荡的学生时代，选择对方最生动的往事来友善地调侃取笑。然后，集体对着湖水扯着粗犷的嗓门，放声高歌。

东湖的傍晚是迷人的，夕阳卷着流浪了一天的云朵缓缓向山后坠去，余晖映红了眼前的一切。那阳光的金黄和湖水的碧绿融合调出一片美丽动人的橙色，且越来越浓。湖水在不间断的滑动中渐渐朦胧，形成了一股无声的召唤，把我们带进了一种不可名状的腾跃升华之中。

这种感觉奇妙而美好，挥之不去。

这片湖水对在这座城市生活、工作的人还有着释放焦虑、减轻压力的功能。进入城市的快速发展期，老城区不断扩容，休闲场地统统被征用，于是，市郊的东湖成为人们的新去处。虽然那时没有私家车，城市也没有公交车，但人们还是向往东湖。毕竟对处在喧嚣、浮躁之中的人们来说，这里宛如迷惘于森林中发现的一条小径，又像在幽深的洞穴里见到的一丝光亮。湖水静悄悄，芦苇丛生，青草如茵，白鹭起落，野鸭戏水。

一晃又是多少年过去，我已经人到中年。如今的东侨也不再是一片人烟稀少的处女地。房地产商瞅准人们临湖而居的观念和需求，在东湖畔征地填方，建起了数不胜数的高楼大厦，把环湖开发成宜居的好地方。田地变成了楼群，沙石路变成了沥青大道，原先的木麻黄不见了踪影，被那些观赏性美、速生能力强的花树所替代。但，唯一不变的仍是东湖，它依然静静地存在，任凭岸边的芦花开了谢、谢了开。

东湖成为名副其实的风水宝地，那三千八百亩的湖泊，两百公顷的绿地，是一个令多少城市梦寐以求的理想境地。而东侨的一切构建，都与东湖密切相关。它从有湖伊始，就始终被东侨人很好地保护和利用，成为不仅是人类还有各种鸟类、鱼类的惬意栖息地。而国家级湿地公园的荣耀，让这里在品味上有了大幅度的提升。在这里，夏可听风，秋可观鸟，冬可品水，春可踏青。

一座新城的诞生，需要风生水起和日新月异，需要博大胸襟和万种风情。在东侨的任何地方，我们都可以明显地感受到湖水的脉动，那脉动连接着历史，联系着地理。那方风景除了建筑、交通、绿化、环境等，还有越来越多、越来越广的人脉。而彼此间脉脉相连的，正是东湖与时俱进的科学发展观。

没有湖的城市是缺乏灵动的，我们的城市却有片天然的湖，而且与海相连相通。人们在形容一个地方发展迅速、蓬勃兴旺，常常会说：风生水起。当你来到东湖，迎面吹着风，放眼看到水，就会实实在在地体会到这句成语的内涵。

烟波东侨

石　城

实际上，晴日的东侨是清朗绮丽、秀隽宜人的，但是站在塔山上眺望，由于它的旷阔和辽远，目力不可穷尽，而显得迷蒙、浩瀚，烟波渺渺。塔山被称为山，真还有些勉为其难，毕竟它不过是一个小小的山包，但在这滨海新城的中心，它就像一个脑袋刚刚探出海面的孤独的小岛，已经算是难得的制高点了。站在山顶，全城就像蒙上了一层半透明的轻纱似的，朝四面八方远远荡开，又尽收于眼底，让人有种高高在上、暂时脱却了尘世的恍惚感。这是一种很美、很陶醉的享受。放眼望去，正东方就是碧波盈盈的东湖，远处依稀可见一条细线悬浮于湖面的上方，似动还静，那是纵贯南北的铁路桥，通车没几年。再往前，一带氤氲的远山起于海上，那就是人间胜境三都岛了，有关它的传说，亦真亦幻，经典美丽，不由得让人想起神话里的蓬莱仙境。

烟波因为稀淡而神秘。烟波里的东侨，宛如一个海底世界，从外面看，一切清晰但又略显奇幻。你必须走进市区，双脚踩在地面，听着足底传来噼呖啪啦的步履声，这才能发现，四周的景致是如此历历在眼，伸手可及。的确，一切都是可感可触，不容置疑的。时值初春，阳光下宽敞的水泥大道反射着几近事物本质的光，柔柔的、暖暖的，宁静又舒适。路上行人不多，三三两两，或牵着孩子，或搀着老人，步伐不疾不徐，显示出内心的安详自在。偶有一两辆车疾驰而过，不是令人不安，不是令人厌倦，而是将这里反衬得愈加清静宜人。道路两旁，一座座新落成的楼房拔地而起，优雅舒阔，仿佛是从绿荫掩映的园林里生长出来似的，让人陡然萌生出些许必欲身居其间的浅浅愿望。是的，对于一个外地人，一个来去匆匆的过客，

漫步在这样的环境里，心情是微妙的，一半是诱惑，另一半不免是有梦难圆的遗憾。只是这种遗憾不易察觉，直到抽身离开，才越来越清晰起来。

烟波里的东湖，别有一番独特景致。东湖南北两岸，都是风光独特的水滨公园，置身其间，一派绿荫醉人，红花迷眼，令人流连。湖边还保留着一带稠密的原生水草，有芦苇，也有叫不出名字的杂草，都长在水里，高高的。不管什么草，也不管是隔年的枯梗，还是新长的绿叶，枯梗基本是挺直的，但绿叶都弯成了柔软的弧形，在风中轻轻晃动，窸窣作响，既是静静地等待，也是亲切的招手。那湖水，清波粼粼无比明澈，是那种玻璃般一望见底的明澈，无遮无拦的明澈，更是无欲无求的纯粹的明澈，多看一眼，便有一种沁人心脾的愉悦油然而生。不记得哪位名人说过，湖是城市的眼睛。东湖，无异就是一颗纯净的眼眸，而且还是一颗楚楚动人的处女的眼眸。湖边的那一带水草，恰似两行绵密而修长的睫毛。这样一颗眼眸深居于烟波底下，更有一种仿佛是洗尽铅华后的本真之美，美得撩人心魄。

一切都拜那一袭稀淡的烟波所赐。若有若无的烟波，使东侨之美美得有深度，美得有层次感，美得如同梦幻般飘忽。

烟波漫过远方的山顶，漫过茫茫水域，直到遥远的天际，那既是空间的旷阔与模糊，更是时间的渺茫与深邃……

塔山顶上的如意宝塔，重建于20世纪90年代，一共9层，高数十米，堪称东侨乃至蕉城的地标性建筑。从这里俯瞰整个东侨，是最佳观景位置。史料载，这里原本就有一塔，始建于清朝，名叫灵瑞塔，又名酒屿塔。现在的塔山，那时名叫酒屿……

北岸公园建有一堵纪念墙，不高，上镌“打过长江去，解放全中国”的字样，这是解放战争时期人民军队的一句动员令。这片园区被命名为“长江支队纪念园”，据说是由几个白发苍苍的耄耋老翁募资建成。这些老者，就是硕果仅存的当年随大军南下的长江支队的队员，建此园，以纪念共和国那一段波澜壮阔的历史……

现在的东湖，原先名叫东湖塘，本是一片荆棘丛生，蛇虫出没的荒凉滩涂……

而东侨，全称闽东华侨经济技术开发区。这里，最早只是一片蛮荒之地，后来成了华侨农场。这里的华侨，都是20个世纪中叶从东南亚各国的历次排华事件中回归祖国的海外游子。他们在动荡年代被迫离开祖国，背井离乡到异国谋生，又在异国的动乱中被驱赶，重新回到祖国。人民政府妥善安排了他们，这里成为一个定居点，经过当地百姓和他们的共同努力，

将这一片蛮荒之地开垦成了农场。20 世纪 90 年代，政府又在这里兴建起了现代化都市——闽东华侨经济技术开发区，简称东侨，这些华侨也由农民身份一下转变成了都市居民。

这就是东侨的前世今生。很复杂，又很简单。往重了说，是沧海桑田，往轻了说，只是历史长河中的短短一瞬，所谓弹指一挥间。一切都在时间中演绎，最终又在时间中消弭。现在，回过头去看，除了眼前这座精美的现代化都市，什么也看不见，唯有那一袭淡淡的烟波令人遐想……

在水一方

程沛森

交交翠鸟，止于东侨。山川形胜，屏佑一方。

交交黄鹂，止于东侨。湖海泱泱，对镜理妆。

交交白鹭，止于东桥。鱼龙相谐，共涉大洋。

——林总经理一声感叹：“东侨开发区真正魅力无限！”

这位老总来自省城，年富力强而视野广阔。他认为：东侨好就好在既有海景，又有湖景。经他一点拨再看宁德东侨，一切都新奇而养眼了。

金马海堤以外是海湾，一望无际而波澜不惊，岛、礁、桥、船历历在目。海有多大？三都澳 714 平方公里海面无边无涯。桥有多长？温福铁路跨海大桥不见首尾。船有几多？三都岛外打鱼船一片汪洋都不见，只见万吨巨轮往来天际。

金马海堤以内是东湖。晨曦里，岚气袅袅，烟波浩渺；晴空下，绿树环湖，高楼傍岸。如意宝塔在山顶站成男子汉的伟岸雕像。东湖湿地是全国知名的观鸟胜地，一年四季，南来北往的水禽不断，蔚为奇观。东湖水面广达 3800 亩，令许多城市可望而不可及。

跻身东侨的几十家地产商个个大手笔，动辄几十万平米楼盘鸿篇钜制，却不约而同都定位于“湖、海”主题，做足了“水”的文章。

每句广告词都能淌出一汪水。诸如：“金港名都”“水岸豪宅”“双水景楼盘”“观海景，听松涛”“城市港湾，湖畔尊邸”；诸如：“水岸湖栖，湾居生活”“闲来垂钓，假时放舟”“亲水临风，做 3800 亩东湖的主人”……

有人干脆把自己的楼盘命名为“金港名都”“海滨一号”！

开发商们还例举了举国闻名的几处水宅作为参照：什么香港浅水湾、

杭州西湖、福州江滨、深圳香密湖等等。然而，我看这些地方都难比东侨：浅水湾无湖，西子湖和福州江滨无海，水面14亩的香密湖又委实太小了——宁德东湖顶270个香密湖！

思来想去，只有一个筼筜湖差可与东湖比肩。

筼筜湖在厦门，一样是堤外大海堤内大湖。筼筜湖水面2500亩，原是一片垃圾淤塞、污水横流、臭气冲天的死水潭。经过20年改造和开发，如今筼筜湖碧波荡漾，湖周高楼林立，成了政治、金融、文化、旅游的中心，成了城市最靓丽的名片。鲜花、绿树、草坪、曲径和一幢幢现代建筑，美不胜收，厦门因之也有了“国际花园城市”的美誉。

拥有一个既安全方便又风景如画的房产定居下来，如同选择一个志同道合又美丽可人的忠实伴侣——人们不约而同瞩目于濒海又临湖的花园城市。

例如厦门筼筜，或者宁德东侨！

不过，两者的房价过于悬殊了，前者超过后者二倍以上！更多的人便倾向于东侨。

其实，东湖的条件优于筼筜：水体污染少，易改造；水面又广阔，可进行多向度利用。只要有一个好的规划和高起点的开发，东湖必将成为闽东中心城市核心区的核心。

如今人们越来越倾向于择居小城市了。大都会立人，小城市宜居。小城市更符合“人文生态”的法则：饮水和空气质量优于大都市，就业容易，出行便捷，人与人之间知根又知底，生活也因此会更温馨而丰富。

谁不向往那傍湖而居，正午游泳傍晚荡舟，远离尘嚣的多彩生活呢？

这就是我们亲近东侨的理由。

诗云：蒹葭苍苍，白露为霜。所谓伊人，在水一方。

这说的不是东侨吗？

诗云：溯洄从之，道阻且长；溯游从之，宛在水中央。

如诗如画的东侨犹在眼前！

人 脉

陆宜根

东湖还没有大闻名，不知是不是西湖的缘故。还有那个苏轼，在又晴又雨的空蒙晃忽里喝得醉醉地说“欲把西湖比西子”，让人无端想入非非了千把年。其实西施的意义还在为情人或国家去把另一个国君昏迷国家搞垮。想到此，血性男儿还有点感到美得可怕了。

而东湖之美，却是那种“养在深闺”的人未识之美。甚至于还不知道情为何物，更不要说一物降一物了。还是一种童贞和天趣，贵在灵生于斯的源头活水。

说出来也许有人还不相信，这里的水还是从福州流过来的。这水不去福州西湖见世面，而奔来宁德成就东湖，也还顶有个性呢！不信你可以从东湖出发，溯金溪而上，也就半天工夫就可以到达一个叫作下大洋的地方，野岭荒山的万千清泉在这儿汇做一流，这便是福州市罗源县的佳溪了。

当佳溪从高崖之上纵身一跃而下，就好像一位仙童玩得高兴，将一道素练从长空飘舞下来；凡人由下朝上看又仿佛是一条上天的路，在那里跃跃欲试，伸开双臂做出顺路攀爬的样子，相当滑稽。脚下的深潭，就是福州和宁德两地大旱祈雨显圣的龙潭。便在百丈村后山，清朝同治九年，宁德知县黄国培立有一块碑石，上刻“灵昭昭也”四个斗大的阴字。而《福宁府志》记载，南宋宝庆年间，宁德县主簿丁大全在这里投银瓶问卜前程，见神龙显爪。后来果然官迁右丞相兼枢密使，成为人龙的“牙爪”。为此，他还奏请皇上封这里的龙为龙王，并架石为亭提联纪念：“龙从百丈潭中起，雨向九重天上来。”

这条龙水从佳溪入金溪，一路少有村落，夹岸青山做伴，相送至蕉城

之郊又知趣地从镜台山之后绕开市井带着一身清白过溪口融汇东湖，碧波荡漾岸边茫茫芦苇，养成群结队鱼翔浅底，引成千上万鸟飞蓝天，以及晨练的男女和暮恋的倩影。我原以为这里的水至清而龙至灵没有多少人会这么追寻渊源本泉，而翻开福宁首任知府李拔的诗篇，早有佳句如许："水满东湖绿未匀，个似西施未嫁人。"原来西施没有嫁人的时候，不似西湖，倒更像是东湖。

原来泱泱东湖犹有继往开来的人文脉水。宁川十景有一个"东湖汇绿"，以其"绿"成为宁德古县城的重要景观。邑人林保童赋诗曰："源头活水流来远，一带清江绕县城。"早在宋淳祐九年（1249 年），宁德县令李泽民就已经集资在东湖筑堤二百余丈，周围九百五十余步。这就是蕉城人所说的"李公堤"，与杭州西湖的"苏堤"颇有异曲同工之妙。对这个"民心工程"，也有诗篇传诵："千古李侯遗迹在，至今谁有继风流？"

这种风流有继，可以说代有其人。如明朝的陈御史作《筑湖疏》说，"堤广十丈以固其基，门开三斗以泄其流。"从北山通南路，汇集众水龙舟壮游，他反问道：载歌载舞，难道只能羡慕西湖吗？这种敢与西湖比高低的人文情怀一直延续到万历知县舒应元的修堤停蓄"灵气"，清朝乾隆县令徐兆麟筑堤八百余丈，开酒屿和猴屿两个斗门。1958 年，宁德县投工 560 万，修塘堤由歧头至鳌江达数里，围地两万余亩。没有江河和湖泊的城市，是一个枯城，好比一个没有女人的男人，是一个不完整的人生。不要说县城没有一条像样的河流流过，让蕉城人唇焦口燥多少年，3900 亩东湖，作为一个有水的县城足够了波澜壮阔，作为一个地级城市的湖泊也给够了风光派头。海峡西岸东北翼新兴城市之秀就秀在这里，之风流也风流在这里吧。

有一个时代叫发展，有一种心情叫躁动，一千年等候什么，仿佛就是这一回：风生如期的春潮起水。

1997 年 8 月，闽东华侨经济开发区在东湖塘华侨农场的基础上成立；1999 年 5 月，经省人民政府批准成为省级经济开发区；2006 年 4 月，经国家发改委审核公告，闽东华侨经济开发区与闽东工业园区整合并更名为福建东侨经济开发区。这个东湖名副其实地成为福建的东湖。十年来开发区全面加固金马海堤，环湖开发金域兰湾、东城国际、南岸景观公园……建成住宅小区 24 个。一个个抢占先机，捷足先得“未嫁时”的东湖美色。三维空间哪一维都可以从头来过，只有四维时空不可能把失去的重新回找。一个新城的诞生正需要生风起水，需要博大的胸襟和万种风情。面对东湖，我们分明感受到这种水脉的搏动，我们渐入佳境，也都是那一方风景，这就是人脉。而脉脉相连，这就是东湖发展观。

对宁德本土来说，没有西湖，只有东湖。对福建城市景观而言，西湖在福州，东湖在宁德。对中国城市风光而言，西湖在杭州，东湖又在哪里呢？

行走东侨　咸淡丝语

张久升

海的变奏

一代人有一代人的记忆。

潮来潮往，百年前，这里一定是一片汪洋。那搁浅的船只，那遗落在道路边上的千疮百孔的礁石，一定记得当年舟楫往来，进出三都的各色船只在这里进退自如的盛景；而闽东盛产的大黄鱼也在这里成群成群地游弋着渔民们的喜悦吧。

20 世纪五六十年代，那是人定胜天的年代。人海战术，填海筑堤，数万人的血汗甚至一些生命的付出将海水推出了百丈之外。于是有了这方圆 1.6 万平方公里的土地，有了日夜守卫着 20 万蕉城人的 25 孔桥。

20 世纪七八十年代，这里分担着国家的苦难，敞开怀抱迎接了越洋归国的难民。从此阡陌织纵横，蕉林碧万顷，沧海成桑田。

而如今，大路通衢连四方，万丈高楼平地起。舟楫不知何处去，白堤依旧等潮汐。唯余五里亭、曲尺塘这样风雅的名字，让人念叨起来，还有无限海国情丝。

鸟的天堂

有山才有鸟，事实是，有水鸟才来。海陆交界，淡咸交汇，这些飞翔的精灵为这一片丰饶与静谧破空而来。

在钢筋水泥的丛林里找片空地，然后无遮无拦地观鸟，实在是一件奢侈的事。但在东侨，在南岸景观带，鸟是常客，不，是主人。你来观鸟，莫

如说，是这些精灵们在观你，在她们的家门口迎接从蕉城，从远道而来的你。

最多的是白鹭。它们洁白优雅的身姿常常踱步于灰黑的滩涂之上。等待、信步、觅食，全然顾我，临淤泥而不染。如果刚巧有一只水牛，她们会毫不客气地站在水牛背上。水牛如一慈善的老者，任凭顽皮的小伙伴在身上挠痒痒，和谐之美就是这样的画面吧。还有野鸭，还有鸬鹚，还有不知名的珍贵的鸟儿……

山光悦鸟性，潭影空人心。远山和近水和谐构筑了鸟的天堂，鸟和人的共处又让这个城市多了多少温暖的颜色。

诗意的栖居

海德格尔说，人类，诗意地栖居在大地上。他说的诗意的栖居，应是一种精神的高蹈。可我们毕竟是凡人，闹市纷纷扰扰，树欲静而风不止。在天空失去颜色，人潮拥挤，静界难求的城市症候里，栖居，何来诗意？

那么散发扁舟，尽享山风明月？隐逸的生活在古代尚可，在今时过惯了便捷生活的现代都市人来说，山野之娱，也许只适合向往和歌唱，却不宜娇贵的身体经年累月地去面对。

“我有一所房子，面朝大海，春暖花开……”海子的这首诗反复地被房地产商引用着。在东侨，如果你站在足够高的楼层，这样的诗句你尽可以随口吟哦。面朝大海，这是三都澳给东侨的馈赠，也是东侨迅猛崛起的地产的标签。当然，仅有这些还不够，所以，徜徉在东侨高楼林立、欧美风情煽情广告不绝的楼盘前，一些小桥流水、曲苑风荷的别致构建却令人分外心动，尽管那仿如根基太浅的盆景，尽管有些许刻意的痕迹，却也是生活在这小区里的人与山野气息连缀的纽带。

如此，诗意的栖居有了背景，那么，城市人，是不是放下的，应该是心灵了。

乡关何处

“到不了的地方是远方，回不去的地方叫家乡。”

年幼的时候，总想着长大后到遥远的地方，遥远到底有多远，不是海到无涯天作岸，也该是鬓毛未衰而乡音已改吧。

长大后，唱着齐豫的《橄榄树》，梦中的家园一直在远方。远方，是皇皇大都北京，创业精英汇聚的上海，还是现代派的广州，抑或是大漠孤烟直的塞外，天净云白尘嚣之外的西域？不得而知。后来，结婚，生子，就在这百里外的特产丰饶的海滨之城扎下根来，梦在远方，脚却终究走不出闽山闽水。

年岁渐去，年少的激情与梦想偃旗息鼓。一日蓦然回首，这个渐渐成长起来的、多年来自己须臾不曾离开的城市莫不是横亘在心头的远方。就像许多人和许多事，当他们在你身边时却浑然不觉，只有远距离了才会牵挂而念念不忘。

作家史铁生说，故乡，并不止于一块特定的土地，而是一种辽阔无比的心情，不受空间和时间的限制；这心情一经唤起，就是你已经回到了故乡。

走在无数脚手架托起的海滨新城上，近观水烟迷蒙拢翠微，远听涛声奏起环三都建设的强音，风儿告诉我，这里是可以让梦想起航的地方，也是可以把梦想留下的地方。

如果把心放下，他乡即故乡。

水梦东侨

郑飞雪

很多年前来宁德，从水上漂来。摩托艇“突突突”翻开三都潮水的花浪，一路颠簸到达金蛇头码头。一上岸，全身被飞溅的水花淋湿，松软的泥土绵延脚下，此岸已非彼岸。彼岸，是隔水相望的故乡。

再从码头坐车摇摇晃晃潜进城区，沿途芭蕉叶翻飞起伏，葱郁的芭蕉叶掀动着海的气息扑入心坎，仿佛故乡的潮汐远远传来。异乡的土壤，吹拂着故乡的暖风入梦来。

总有一丝寂寞像夜晚的星光点亮清愁，孤独的脚步不由自主地向黑夜的深处走去。东湖，是极安静的去处，像忧郁的芬芳，吸引着漂泊的心绪。无数个夜晚，我像飘散的晚风缱绻在湖边。那时的湖，很静，静得湖塘泛出湿漉漉的水声。密密的植物在水里像一片云影，节节生长的枝叶爆开清脆的声音，从湖面上惊醒了安睡的鸟儿。水鸟扑愣着翅膀向远处掠去，月光下的湖面荡漾开一圈圈涟漪，像月光的丝线缠住了鸟的踪迹。静夜中的东湖，似一枝墨荷，在三都港浪花纷繁的簇拥中孕育着脉脉温情。

很多年后，重返宁德，古老的城边屹立起一座年轻的城，它有个美丽的名字——东侨。好像曾经梦幻的那朵莲开了。走进郁馥芬芳的莲朵里，每一条街道，每一座楼，每一棵树，每一株草，都是清新的莲瓣，收留过去的脚印，深情地呼唤我的名字。走在宽敞街道上，仿佛走进旧梦里，一颦一笑回眸往昔的身影，展望迢远的未来。每一缕呼吸，升腾着清新的空气，袅娜着温婉的水意，濯洗体内的尘埃。静下心来，如一株树，品茗东侨。

塔山上看东侨，东侨似一壶温热的茶。

这片初春的嫩芽在诗意的水面上翻卷着，舒张着，伸展成开阔的绿叶，

衔接着旧城古老的枝杆。老城悠久的历史积淀和文化底蕴，向它源源不断地输送着新鲜营养。新城依偎着老城，如老树茁发出新枝，在海西浩瀚的洋面上迎风招展。新旧交替，是篇章书写的起承转合；新旧融洽，是往经年的清水里续着新茶。也许是一种依恋；也许是一种纪念，新兴的城伸出青春的手臂，把一汪碧绿的湖水揽进怀里，如亲孝的子女搂着慈祥的母亲。东侨的心脏呈现一波水汪汪的湖形。它怦然心跳，向新城纵横交错的支脉传导着热情的血液；新城年轻的身躯幸福地接受这份丰润的恩典。湖，盈盈一水间，从土地深处默默流淌丰富的母语，温润的气息诉说着古老的相思。让每一位南来北往的过客领略土地母语的亲切交流，沐浴着本土乳香，流泉一样走街串巷。

南岸边看东侨，东侨是一位身姿婀娜的青衣女子。

水，柔婉深情，甩出长长的水袖，甩出无边风情。女子的裙裳如花间蝶舞，飘飞着浪漫的爱情。爱，让生命博大，让灵魂轻盈。爱，让诗意的物语营造出一个又一个梦境。风推着水的波澜缓缓前进；水托起风的羽翼轻轻翩飞。这样相知相亲，让柔情的水里长出散漫的水草、清闲的浮萍，如轻盈的话语握住东侨豪迈的步履。水忽然懂得了东侨，它推开水泥与水泥的挤兑。枯燥的水泥如水草一样漂散开，空出远远的距离。林立的楼群在水波里倒映出诗情画意。这边的楼望着那边的楼；那边的楼等待这边的楼，如水上佳人，翘首以盼一段刻骨铭心的爱情。水泥风雅的姿势横卧在江波之上，霓虹一样飘展。桥内湖水与桥外潮水潮汐呼应，平心静气流转着岁月的风调雨顺。孔桥从波面投映出无数枚冰清月牙，优美的月夜满湖飘荡着古相思曲。玉人何处教吹箫？芦苇摇曳、柳絮轻飞、水草飘摇……闽剧细腻的唱腔；缠绵的水袖；柔美的身形，在东侨的地域环境里，千回百转，表现得淋漓尽致。

北岸边看东侨，只是从南岸边蓦然转过身，水就变了风韵。

北岸的水沉默、冷静，少了欣欣然的喜悦，少了百媚千娇的风情。如月光下的思索，凝然中透几许冷峻。在靠近老城区的位置，岸边的泥土越厚实越坚硬，它缠绕着城区边缘缅怀岁月走过的足迹。这些足迹穿过销烟，越过草地；眼睛瞭望过海口，守望过城门；嘴唇啃过树皮，呼号过旗帜。然而，他们走了，走过历史，却走不出时间。在时间的缝隙里，身躯疲惫如草木凋落，在这片土地上无声无息。历史的岩壁上仅留下几行描摹过的字迹，微风牵起行人的衣袂怅然联想昨日的身影。过去的热血，换来今天

的宁静。水懂得感恩，懂得思念，懂得缅怀。水无声浪，执意要返青这些足迹。平静的水让寂寞的草木蓬勃；让枯萎的草地葱茏；让沧桑的土地生机勃勃。悠闲的身影在草地上放飞风筝时，纷飞的思绪穿梭过时空，追忆起消逝的云烟……水，让厚重的土地情感丰沛；拓路的节奏饱满坚定。

水化作植物的语言，引领城市躯干的走向。红色的热情；黄色的明媚；蓝色的向往；紫色的梦幻；绿色的希望，在植物的唇语间无声摇曳。工业区、大学城、精品楼盘、商业街道……规划齐整的泥土矗立起坚硬的骨骼。水穿过城市的血管散发出灵气，城市的风姿展示着典雅的东方品味。城市的灵魂飞过水的梦乡，倒映在波心里，五光十色、波光潋滟。若想阅读东侨，那就去聆听水的声音；若想理解水的母语，那就去翻读这座新兴的城市。

脚步穿过街区，风吹来草木清香，吹送着家园气息。日新月异的异乡温馨如故乡，仿佛时光的门打开，岁月的手轻轻召唤着青春……

亲情东湖

林兴华

北岸，往南走；南岸，往北走，中间隔着东湖。近午的湖面很平，犹如经过精心打扮的姑娘脸庞，恰如其分的柔腻，不见任何的雀斑毛孔；湖水很静，恰若少女初吻前的一刹那，没有神采飞扬的表情，却有着激情汹涌的渴望。东湖没有变，还是那么宽，还是那么长。然而，十里东湖的的确确是变了。南北两岸的临水公园，驱走了蛇行鼠蹿的芦苇、鸭舌草丛，休闲的轻微脚步，传递着幸福的心声；宽广的大街，让荒凉成为远久的记忆，飞驰电掣的车流，成为东侨人惬意心情的写照；海德公园的观光电梯，是东侨人幸福指数的柱形报表。若从空中俯瞰，东湖就是一汪招人的媚眼，而北岸公园、南岸公园就是镶嵌在这双眼皮上长长的睫毛，不经意间扑闪一下，足以撩人心怀。听介绍说，东侨巨变就在这十八年间！女大十八变。眼前的变化不禁让我想起曾经蓬头垢面，脸颊沾满鼻涕痕迹的东湖塘丑小丫。

1978 年，我接到宁德师专的入学通知书，上写着报到地点是宁德师范学校，后面带着括弧“五里亭”，括弧中还带着一个小括弧“华侨农场”。在到达宁德之前，我只到过屏南县。地址这么复杂，宁德一定是一个很大的地方。在宁德汽车站下车，问了十几个人，终于走上了一条乡下人从来没有见过的望不到头的砂石路，道路两边的荒凉，让我内心不止十次怀疑是否被人骗了。终于见到了几栋房子，左拐，所见到的都是南洋人打扮，男子穿着花衣服，留着长头发，而且还有厚厚的发油，乌黑锃亮。我似乎掉进了异国他乡，看自己一身的土布，心中不免一番自惭。那时候，“南洋人”就是富裕的代名词，谁家有南洋人，会让邻居羡慕几辈子。古田华侨多，但能见到的却是凤毛麟角。读小学时，有一次县里来了二十几个南洋人，同学们竟然课都不上，跑去看南洋人。看女人胖得发圆的身躯，烫得卷曲的头发；看男人齐肩的长发，薄薄的花衣裳；看她们从包包里掏出能折叠的洋伞，惊讶得目瞪口呆！

到师专报到，新来的同学显然与我一样新奇，议论纷纷。从他们话语间，我渐渐才明白，华侨农场是安置20世纪六七十年代被排华回国的华侨，有一点难民的味道。尽管难民这个词令我不寒而栗，但冠着华侨二字，内心还是有一种莫名的向往。

站在学校的操场放眼望去，看到的是宽阔的平洋。平洋，特别是大平洋，对于长期生长在山区，只出过一个县的我来说，这是富庶的源泉。可是，我看到的都是一方方用田埂围起来，长着一人多高的合菜，一坨坨，一片片，绿得滴油。合菜又称鸭舌草，在我们山区的田里，长出的只有二三寸高，是与水稻争肥的杂草。而在这里，合菜长得有一人多高，那一串串花，长近二尺，蓝得发靛，蓝得清纯，蓝得柔和，蓝得鲜嫩，隐藏在绿丛中，只有我们山里人才可以分辨得出，只有我等新来的学生才乐于注目。远处长得最旺的一片，人说那是东湖塘。后来听说当地人很讨厌东湖塘，因为它隔断了南北两岸，使得他们来往不便。噢，东湖塘，只长野草的东湖塘，无人问津的东湖塘。那一片荒芜，浪费得让人心疼。

第二年夏天，同学们提议去东湖塘游泳。十里东湖塘从头望去，不见尽头，外面连着海，两岸依然是旺盛的合菜丛，密不透风，很有白洋淀芦苇荡的气势，一阵风吹来，阔叶翻卷，或而白，或而绿，无声无息，几只白鹭立在浅岸，纹丝不动，标本似的，一阵涟漪，把倒影拉得很长很长，婀娜摇曳。说良心话，湖水碧绿，很清澈，与我先前想象的是宁德城区的污水池恰恰相反。跳进湖里，那一阵的冰凉，那一阵的惬意，使人忘却了生活的窘境，人生的烦恼，不知身在溽暑中。东湖，就如一个尚未发育的少女，虽有天生丽质，没有人去想象她将来的妩媚。

游到近海堤处上岸。走过海堤，看到一根根裸露的、碗口粗的铁柱，被海风剥蚀得像千年老松的厚壳，随手一碰，便唰唰直掉，像眼泪在向我们诉说环境的恶劣。堤岸的护栏，海风啃噬掉了水泥，裸露的碎石，像老奶奶残缺的门牙，一个个，一排排，似乎是顶在我的脑门上，让我的头皮阵阵发硬，发麻，发酸。我们常说，一个没有保养、没有打扮的女人是朴素，纯真。其实，那是一种对贫穷的赞美，显得那样无奈，艰涩，酸楚。一个富裕的女人，谁不想更美一些，都到了古稀之年还愿意受整容拉皮之类的痛苦折腾。可全民都处在饥饿边缘挣扎的年代，谁会想到美？谁有资本去打造美？就像我羡慕农场的华侨一样，内心深处渴望拥有那种美，可哪有心思去想将来会不会和他们一样甚至超过他们呢。

忽如一夜春风来。经过了十八年的精心描绘，华侨农场蜕变成了国家级经济技术开发区。医院、学校、规划馆、图书馆、艺术馆一个个花园似的，竞相媲美。那民居，有傲视全城的海德公园别墅群，有靠山临湖的东湖品臻……茶几一方，海产数碟，朋友二三，把酒临风，俯瞰白云从湖底溜过，凝眸鹭鸶阵阵归入林梢，调侃曾经梦寐以求的那种花衣裳，长头发的理想境界，皆成稚嫩雅笑。我的母校——曾经寄寓于宁德师范学校的师专，几经辗转，脱胎换骨，而今又回到东侨，成为一所占地近千亩的园林式的名副其实的大学。只有东湖，像大多数货真价实的天然公园一样，毫不崇尚时髦，热衷于返璞归真，静静地躺在东侨的怀里，闪烁着奇妙的光辉，映射着人们亲切而迷人笑靥，给人们营造闲情逸致的氛围，带来温馨欢乐的心境。“一张白纸没有负担，好写最新最美文字，好画最新最美的图画”。美的文字，美的图画，需要大手笔，大抱负，远眼光，东侨做到了。

十八的姑娘一朵花。东侨，你这芳龄正盛，青春勃发的少女，叫我怎能不赞美！

秋到湖东

李步舒

这是我第一年临水迎秋。

东湖的秋有些不同，远山的色是清淡而难以觉察的。晴好天气或晨起初阳，那山被清晰地照亮，草的枯白与绿的黄叶会恰到好处地提醒你，秋来了。塔山一带的树依然绿得入黛，竹也一样翠绿，如果没有走近满地的枯叶，你还真以为秋天只是个传说。环湖的绿各有不同，不论是从高处眺望，还是走近了细察，绿始终是主色调。只不过，为来春的新绿，它们都不约而同、心甘情愿地寂寞下来，收敛以往的张扬与毫无顾忌，小算盘打得是噼噼啪啪，算计着来春后该开什么花，结什么果？该为这湖为这临湖爱湖的人们呈送怎样的青春好礼。芭蕉的阔叶在秋风的吹送中，搭拉着颈部，显出几许颓态，直让人提不起神来。藏着白鹭的树冠也少了平素的挺拔，大概是枝老难以承重，抑或是鹭鸟数量增加的原因吧，即便是轻轻的风动，就把隐在丛中的巢以及探头探脑的雏儿暴露了出来，勤劳的鹭妈妈也真是辛苦，等不到湖水退入大海，就踮着脚四处找食。湖水平漫时，则逆风俯翔地掠过水面，那长爪儿以闪电般的速度抓起正探头窥视这个秋空的鱼儿们。鹭们的视力好像不好，常常抓空，然而，为着窝里待哺的小鹭们，义无反顾地奔波着。

在高处观秋湖，特别喜欢看到群鹭集翔掠过水面的场景，而这景致的出现，往往与湖边行人的过于亲近有关。这几年湖东建了不少高楼，沿边也整出了游步道，你别以为目前仅是不长的几公里，却让人们趋之若鹜。毕竟临水悠闲，探鹭者多，情趣别样，尤其是日出东方或者夕阳斜山时，渔者荡于湖面，简陋如竹排似的小舟缓缓地撑游着，排头的人在撒网，排

尾的人就用长篙扑打着水面，赶鱼群，在高处听来声音沉闷，仿佛是竞吹气球时的爆裂声，让人心碎。如此环兜了几十米，转过排头来又是慢慢地收网，鱼的白肚在亮光中特别显眼。游步道上也不全是凭栏闲观者，有的则踞岸抛网，着绳索的网兜，伞似地降落入水。还未等看个明白，抛网者就顺手拽绳索提起网，有鱼无鱼全凭运气。不过，那种场面十分无聊。伸长脖子观看的人，一言不发，面无表情，如果兜上鱼了，眼神瞳孔放些光，反之则噘嘴皱眉摇摇头。抛网的主角则不同，紧闭着嘴大气不喘，似乎生怕惊动了靠岸而来的游鱼。线湖的鱼，多数不喜深水觅食，这习性，也让这岸无端生出不少人气，尤其到了秋水，夹岸的芦荻枯去，更是无处躲藏，逗引着越来越多好事者，不事垂钓，干脆用网去兜。人性如此，能够“一网打尽”就宁可毕其功于一役，而不去注重享受的过程，也不效仿姜太公。

秋阳比起夏日柔暖得多，当它从海的那边升起，晨岚弥漫远山与湖海的交汇处，朦胧的背面轮廓与阳光的透亮衬托，构成大气的面纱，静静地蒙住了湖东之晨。栈道寒露早就被零乱的脚印占去，仔细地瞧，因为出来匆匆，足痕并不全，自然我自己的，也无法辨认。我知道，太阳一高，这露便退去，印痕只待别晨的重复。可是秋湖自有它细腻的一面，用缓慢的耐心使露更加厚重。打算穿过25孔桥闸门的潮水，此时还未涌入东湖，浅岸裸露，正是鹭儿早餐的好时机。浅滩长长地挨着栈道，一个圆一个圆地画开，如同月球表面的凹凸地貌，水光在圆圈内似有若无地闪起，懂鱼者说，那是鱼巢。这湖介于闹市、社区间，罗非鱼可是最好的水中清道夫，网渔者如是说，它若无顽强的繁殖力，早就绝迹了。环视湖的周遭，我对鱼生发出幽远的敬意。鱼儿离不开水，水的胸怀也真是博大，笑纳无尽的人类生存污垢，年复一年，用无限的爱默默地承揽起净化的重责，每日凭借着潮水的涨落，努力把沉污纳垢推送出海，让大海帮助完成这愈发沉重的使命。这样，水之清白能力也便与鱼儿交融在一起。湖与城也便相互依存。不过，居高远眺秋湖中的城景，仍然有些沉闷，太多的高楼，远的近的，南的北的，朝向都面水了。商家想尽办法拉高性价也全赖这湖光水色，设计师最听地产商的话，即使背水一方，也把客厅阳台勾勒在临水的区间，但是依然寻水者如云，南岸公园边的楼房多数如此，而且越盖越高，据说已经有47层的风光。

晨湖中居高眺远，最宜朝东。东边是海，那气势变幻每日每时不同，时常做客我的手机视屏，微友也常点赞，问起这湖东秋色，我却无法一句概之，只好殷殷请老友亲临一睹。环湖公路也醒得早，车辆马达声如鼓响彻，新的一天又来临了，为着生计而忙碌的城湖，又在透支着他的身体，用闹中取静安慰无边的愁绪，怀想悠远的湖东过去。东湖溏的碧水荡荡渔歌晚唱。取之无度的人类，该为这秋韵渐浓的湖做些什么？好在听说为迎接明年在这里举办的省运会，当好东道主，地方政府把湖当作打扮经营的重心，环湖沿路的疏岸，将栈道相连接。排污能力也将由于管道的延伸与清污设备的能力更新而得以缓解。待饲湖者必将更盛，但愿这湖莫“得意忘形”，让如歌的秋色退隐梦中，成了无法复制的旧事。

在那山海交接的地方

甘湖柳

宁德于我的印象，都在老城区，新旧交错的楼房，满街的小吃，空气中飘着海产品淡淡的腥味。每次出差到宁德，行至远远能望见塔山的地方，感觉到了陌生的地界，那里是东侨开发区，大港口、大交通，密集的人流和物流，到处是热火朝天的景象。

春天，我再次来到东侨这座新城，亲身感受东侨的巨大变化。在塔山公园，九层的如意宝塔赫然矗立在眼前，围绕着塔身，每一个转角，都能望见四周密布的建筑物和交通，这是一个山海交接、松涛海风中的繁华都市，城中有湖，湖畔有山。望着鳞次栉比的高楼大厦，车水马龙的交通路网和川流不息的人群，如果了解它沧海桑田的过去，你一定会联想起从前它是海的样子，而熙熙攘攘的人群，多像一群自由游弋的鱼儿……史志记载，在东湖尚未围垦以前，旧城区的地质是一片山前冲积扇，那时的东湖塘是宁德城边的海域，汪洋浩渺，岛屿点点。老城区的东门外，是一派舟楫往来、渔歌唱晚的景象，特别涨潮时分，潮来万顷碧波荡漾，潮退泥滩茫无际涯。如今，虽然旧景不再，但迎面吹来的清新的风，无时不在提醒你，今天的东

侨，是在这片海滩上拔地而起的。

脚下的土地，曾被无数次的海水漫漶，溶化成浆，又被无数次的干旱烘烤，裂为泥滩。据当地文友们说，她们小时候，或者更早，东湖还只是一个塘，一个破水塘，海边的那些裸露的沼泽地，水草还没来得及完全封锁，深不可测，脚踩下去，就汩汩地冒出黑色的泥浆来，人在油润的泥塘中摇晃不定……

时间永恒，人世匆忙，几百年也只是万古一瞬，就在造化的眨眼间，我有幸看到沧海桑田的一个慢镜头：从塔山俯瞰四周，眼前的东湖好美！它既有南方山峦的灵秀，又有着海的苍茫浩渺，在这里，可以感受到一种与城市相宜的山长水阔与风清气朗。

宁德旧城区的十分之七都是山，山脉从西逶迤而来，81 座千米以上高山罗列其中，如蛟龙入海。旧时，“岛”字尚未普遍运用，写书的人将这些岛屿都称为“山”，这些山层层护卫着宁德老城，都有吉祥的名字。现在的塔山，从前位于老城区的东南入海口处，与大门山相互对峙，形成风水格局上的捍门山，把守老城区东南门户。山上的如意塔成为宁德渔港安全进出的航标。它把酒临风，人称“酒屿”。与之相望的，是的大门山，当潮水上涨时，大门山就像个酒杯倒置于万顷碧波之中，当地方言将“杯”

称为“瓯”，因此，旧时这里称“金瓯山”。两山以外，还有岛屿名为大、小金崎，或者称为“金蛇山”。再往外，是三都岛东侧之橄榄屿。至于城澳边上的笔架山，则活脱脱就是老城内文人案上的笔架了。

山与海交缠，山向海延伸，20个世纪60年代，在那个激情燃烧的岁月，勤劳勇敢的宁德人民，在东湖塘开展一场大规模的围海造田活动，他们在城区的东南海面上，筑起了数公里长的金马海堤，围出了万亩良田，将整个城市向海面东移数公里，也将城区面积扩大十几倍，塔山也因此成为新城区的中央部分。同时，围海造田的结果，造就了现在的国家级经济技术开发区——东侨经济技术开发区。

海堤静静地亘卧，流光烁金的海面，远处的二十五孔闸和金马海堤构成一道美人的睫毛，它轻垂眼睑，在山与水的交睫处围住东湖这一汪碧水，而将滔天巨浪挡在了堤外，淡水与海水就此分隔。远方，一条高速公路从中间打一个弯，顺畅地伸向天边。还有更远处的海天之间，长长的高铁在延伸，三都澳、漳湾一带的港口正在开发建设。

塔山下的东湖水域，如一块巨大翡翠，镶嵌在南北岸之间，东起金马海堤，西至福宁北路，南连南岸公园，北接北岸公园，水域宽阔。我们围绕着东湖的一汪碧水，徜徉在南北岸公园和大门山公园之间。山是眉峰聚，水是眼波横。远山含黛、近水流韵，不知是山映绿了水，还是水浸翠了山。踏着洁净的栈道，呼吸着特别清新的空气，沿湖信步走去。一湖澹澹之水，洋溢在脚边，湛蓝、幽深、澄净，还有湖畔的岸芷汀兰，山花野草，都在努力地绽放青春，阳光铺满湖面，所有的景物远离尘嚣，显得如此洁净。临湖而居的人，一棵尘俗的心浸润在这氤氲的气息中，使心灵也有了一种被过滤的感觉，那种怡然自得、宠辱皆忘的惬意，让我被感动得凝住了呼吸，凝住了心神。

“湖是大地的眼睛。”梭罗是这么感叹的。

突然，不远的沙洲上飞起一群白鹭，横过东湖的上空，仿佛是美目一瞬，顿时给湖面增添了勃勃生机。

大门山东麓地势平坦，形似一只展翅飞翔的鸟。这时节，深紫色的二月兰已成片绽放，虞美人也已亭亭玉立，平常少见的蓝花鼠尾草和波斯菊，在暖洋洋的春风中尽情摇曳。在这生机勃勃的春天里，陌上花开，繁花似锦，令我等惜花人陡生起希冀。

东湖塘的太阳花

陈浩志

东湖塘曾经是海。当一条弧形的金马堤把它从大海的肌体切割出来，它便成了一个城市的湖。

晨光里，我站在金马海堤上，眼前是盈盈的东湖水。雾淡得像少女白皙的手拂过的映像，轻柔缥缈，隐约在湖的远处。星星已经淡去，天空开始苏醒。环形的山峦绵绵起伏，似乎衔水而来，与东湖相拥，围簇着宁德这座新兴的中心城市。于是，山便似巍巍的城墙，水便似汤汤的护城水。在这里你看不到城市的车水马龙，听不到城市的喧嚣热闹，只有远处鳞次栉比的楼房像彩笔涂抹的东湖背景，静静地展开一片斑斓的色彩。

几只红嘴鸥从堤外飞来，白色的羽毛裹着海风的咸涩，我嗅到淡淡的鱼腥味。或许是堤外的码头正有夜捕的渔船归航，满舱还会拨动的鱼让空气浓烈着海的气味。但我不想看海的热闹，犹如我这时有意地逃避城市的喧嚣。我依然面对静静的湖，看它没有波动的水面像一块泛绿的玻璃，朦胧着天空、山、树，还有临水楼房的倒影，想那幸福的楼中人定然做着天上琼楼玉阁的梦。有几条扁平的小舟像树叶飘落在水面上，船上的人轻轻摇着橹，慢慢收起昨夜撒下的钓钩，好像怕打破了湖的安宁。几只白鹭站在湖边的岩石上，缩着头呆愣着，湖太安静了，安静得早起它又进入了梦乡；更多的白鹭还宿在那边的林子里，绿叶间隐现着它们的身影，偶尔有一只笨拙地飞起，然后两只、三只，然后又隐进入繁枝绿叶间，没了动静。堤下的草地上坐着一个早钓的人，我看他手上的钓竿一动也没动，整个人像一幅剪影，不知道他是在钓鱼还是在陶醉在这东湖塘清晨的美丽里。

面对这空蒙宁静的湖光水色，我想他定然不是来钓鱼的，而是为了与东湖的清晨相约。这些日子在城里待久了，满脑子是呼啸的车、拥挤的人、密聚的楼和案头一叠叠文字，人便感到烦和累。东侨的朋友对我说，到我们东湖来吧，深深吸上一口气，肺腑便会流淌着一片水，心灵便会荡开轻快的双桨，疲累皆忘，荣辱皆无。说真的，在这个清晨，我后悔自己与东湖相识太迟了，俗人俗心俗忙，居然与近在“咫尺”的东湖“天涯”了这么长时间。突然想起也是城中的湖，杭州西湖，又想如果历史上有一个佳人“东施”，真可以摹苏东坡写一句：若把东湖比东子，淡妆浓抹总相宜。

不过，这位东施佳人，不是闺房大秀，应当多一些野性，或者如出塞的王昭君，黑骑红氅，有叹一声“大漠孤烟长河落日”的壮阔情怀。宁德东湖是野气的，尽管湖的两岸已依城里人的愿望在建设景观，但湖中的小岛和近山旷地依然是树随意的长、草随意的乱、近百种的鸟禽随意出没飞翔。宁德东湖也是宽阔的，它的心肺随着大海的潮汐搏动呼吸，潮起潮落湖涨湖平，东湖与大海共有着平和、激荡和欢乐。

这时，海涨潮了。涌动的潮汐从来没有顺从的习惯，它跨过金马堤的闸门，每天总要一次喂哺东湖生命的乳汁。于是东湖张开宽阔的手臂，层层波纹是欢笑，又像是小提琴的颤音，在无风的清晨弹奏出满湖涟漪的闪烁。那叶叶扁舟上的人不再悠闲，忙碌了起来，一边摇动小小的橹，一边急急收起一个个钓钩，不时有钓上的鱼晃动出一道道白亮。湖面上的红嘴鸥飞得更加高了，林子成群的白鹭还有其他的鸟禽成群扑楞楞飞起，热闹着原本平静的湖。只有那个钓鱼人依然举杆悠然地坐着，像个景外人，又像是景中人。

我正羡慕着钓鱼人，忽然感觉眼前出现朦胧的橘红色，扭头一看，太阳出来了，氤氲在水汽中，没有光芒，没有热量，像一个涂抹胭脂的大铜盘，低低地悬挂在空中。这是太阳吗？再看水中，仿佛熔炼着一炉铁水，红得灿烂却不耀眼，又仿佛是画家倾倒进水中的红颜料了。飘来几片白云，围簇着天上胭脂红的太阳，水里便宛如红艳艳的花在盛开，一会儿开成一簇，像火红的山杜鹃，一会儿开成一串，又像是燃烧的一串红，云朵是那飘飘的叶。

我竟然忘却了身在何处。只有雾，像少女白皙的手拂过，在远处让天与地笼成轻纱的梦；只有波光，把所有的神秘藏在湖的深处，编织着一首

朦胧的诗；只有太阳，像花朵在湖中绽放，让红灿灿的美丽荡开满湖的憧憬……我想像，自己是那临湖的楼中人，在这个清晨，惺忪着睡眼推开窗口……我将飞翔起来，飞向天空追逐那胭脂红的太阳，翔入湖底捧起美丽的太阳花，走进都市拥抱多彩的生活。

那个钓鱼人什么时候已经走了？

当我离开东侨开发区的东湖时，我的心真的荡漾成了一片宽阔的湖，湖里开放着红艳艳的太阳花……

东湖鸟语

郑承东

因为喜欢摄影，所以我有空的时候，常常会在东湖的周边转悠。她的山水，她的舟楫，她的微风涟漪拥抱中的小洲，还有她的灵动候鸟，都是绝佳的入镜画面。生命在这里是诗意的，一个红尘纷扰的城市，也因为依偎着她而脱去了些许的俗气。在一个城市的新区，有这样一个自我清淤的内海湾与国家湿地公园，那真的是这个城市的大大福气了。

冬天的东湖，是最热闹的。上万只来自北方的候鸟来这里过冬，近300公顷东湖水面被这些北方的贵客点缀诗意非凡。黎明时分，登上塔山眺望，东湖是一方极圆的小盆地。寅时，夜色把湖面照得幽蓝幽蓝，星光更加璀璨。在窗户紧闭的城市待久了，突然看到那么多晶莹明亮、似乎触手可及的星星，心中的那股激动迅速将深冬的寒气完全融化。伫立在九层的高塔之巅，仰望天穹，每一个认识的星座都清晰可见，甚至可以看到几颗运行中的人造天体——他们的运行速度比一般星星明显很多。空中不时有流星划过，每一次，都许下相同的愿望。所谓："迢迢牵牛星，皎皎河汉女。纤纤擢素手，札札弄机杼。终日不成章，泣涕零如雨。河汉清且浅，相去复几许？盈盈一水间，脉脉不得语"的感慨油然而生。

天际露出鱼肚白的时候，看着满湖的白霜在旭日中升腾起水雾，那些早起的鸟儿唤醒了第一缕晨曦。随着旭日东升，红嘴鸥、黑尾鸥、白骨顶、丝光椋鸟、鸬鹚、白鹭，大大小小，五彩缤纷，一起飞起，又一起落在水面，激起朵朵水花。其实，欣赏生命的璀璨，就是需要在黑暗中耐心地静候。

清明的雨，让东湖沐浴在缠绵的季节里，这是个与候鸟分别的时节。每年的10月下旬，候鸟陆续来到这片美丽的湖畔过冬，来年春暖花开的

3 月，再迁徙回北，前后半年的时光，让东湖充满着灵性。此时，在东上快乐了一个冬天的红嘴鸥，依依不舍地离开东湖，开始了迁往西伯利亚的遥远的旅途中。“凭栏处，兰舟催发。执手相看泪眼，竟无凝噎。念去去千里烟波，雾霭沉沉楚天阔。”这柳永的《雨霖铃》，仿佛是对红嘴鸥漫长旅途的赋别。

这边刚惆怅别离，那边又欣喜重逢。心急的夏候鸟先遣小分队已经抵达了三都澳的进海口，家燕来了，杜鹃来了，黄鹂也来了。即使是连绵的阴雨，也挡不住春天的步伐。可以预见，东湖观赏夏候鸟的大好时机指日可待。再过一个多月，东湖的鸟谱集体“换届”。届时，黄鹂这些夏候鸟将取代红嘴鸥等冬候鸟，成为宁德夏日天空中的“精灵”。最幸福的当属那些留鸟了，麻雀、白头翁、喜鹊、画眉、鱼鹰，它们没有季节迁徙之苦，四季常在，东湖就是它们一辈子繁衍生息的家了。

每到冬季，留鸟就成群结队地生活在一起，啄食着植物的果实和种子，以弥补四五的不足。到了春暖花开的季节，东湖南北岸景观带花团锦簇，紫荆花、山茶花、白玉兰等数十种名花竞相开放，留鸟这下可以大饱口福了。原先是候鸟的白鹭，似乎喜欢上东湖的环境，变成半候鸟甚至是留鸟，没有明显的冬来春去现象。为什么会有如此多的鸟聚集在东湖？专家告诉我，三都澳区域湿地面积颇广，潮汐之间滩涂大，加上湖面有人工养殖，给鸟类提供了丰富的食物。

我在这要着重说的，是生活在东湖最为珍贵的鸟类——遗鸥。从2003年3月到2004年4月，鸟类学家在东湖湿地及其周边地区发现了国家一级保护鸟类遗鸥、国家二级保护鸟类黄嘴白鹭、鹗、黑翅鸢、苍鹰、红隼、长耳鸮、短耳鸮、草鸮、褐翅鸦鹃及其他鸟类，共20119只。其中，遗鸥在福建是首次被发现，这是来自遥远的蒙古鄂尔多斯高原的迷鸟，属世界易危物种。

说不清是什么年代，遗鸥的祖先来到亚洲大陆的腹地，在戈壁荒漠的

湖泊落脚，繁衍后代。人类曾经离遗鸥很远，根本不知道戈壁深处竟然还有这么一个独立的物种存在着。直到 1990 年初，一个英国人在北京中科院动物所看标本，北京的学者才知道，遗鸥的生长地很可能就在鄂尔多斯。在那年繁殖季到来之时，中国的学者在东胜附近的桃力庙——阿拉善湾海子发现了遗鸥，有 500 多巢，比以往全世界发现的遗鸥数量要多得多。鄂尔多斯以前至少还有一个小湖，也有遗鸥繁殖，但从 1999 年开始，连续 10 年的干旱，那个小湖最早干涸了，遗鸥都集中到桃——阿海子。当地政府为它建立了保护区，避免人为伤害，数量逐年增加。水位下降，湖心岛的面积扩大，适合遗鸥做巢的地方也增大了。遗鸥对水的需求，使它在蒙古高原到处游荡，不断寻找合适的栖息地。这个地方没水了，遗鸥再换个地方。这就是它的祖先传下来的生存对策。

遗鸥过于密集的群居，本来是因栖息地狭小所致，但是却被有些人说成是保护得当的成果，是生态环境变好的表现。一些想赚钱的人就借遗鸥的名义到桃——阿海子开发旅游，在核心区建宾馆，修专线公路，在湖里开汽艇，还要在沙地上开沙滩摩托，高喊着“吃生态环境饭，发生态环境财”。

连续干旱和人类过于亲近的袭扰，桃——阿海子的湖心岛终于成了半岛，老鼠、兔子等都可以轻易登岛，遗鸥不得已转赴红碱淖。遗鸥飞走了，桃——阿海子的旅游不得不停业。而遗鸥也终于变成了迷鸟，四处寻找适合它们生存的家园，一路向南，终于在美丽的东湖歇了翅、落了脚。东湖才有了这世界级的明星贵客。

遗鸥的迁徙道理，人类能懂吗？聆听东湖的鸟语呢哝，环眺东湖的花香景色，我们有信心让这生命的栖息地宜居永恒吗？

我想：答案就在每一个热爱东湖的人们心里。

上快乐了一个冬天的红嘴鸥，依依不舍地离开东湖，开始了迁往西伯利亚的遥远的旅途中。“凭栏处，兰舟催发。执手相看泪眼，竟无凝噎。念去去千里烟波，雾霭沉沉楚天阔。”这柳永的《雨霖铃》，仿佛是对红嘴鸥漫长旅途的赋别。

这边刚惆怅地别离，那边又欣喜地重逢。心急的夏候鸟先遣小分队已经抵达了三都澳的进海口，家燕来了，杜鹃来了，黄鹂也来了。即使是连绵的阴雨，也挡不住春天的步伐。可以预见，东湖观赏夏候鸟的大好时机指日可待。再过一个多月，东湖的鸟谱集体“换届”。届时，黄鹂这些夏候鸟将取代红嘴鸥等冬候鸟，成为宁德夏日天空中的“精灵”。最幸福的当属那些留鸟了，麻雀、白头翁、喜鹊、画眉、鱼鹰，她们没有季节迁徙之苦，四季常在，东湖就是她们一辈子繁衍生息的家了。

每到冬季，留鸟就成群结队地生活在一起，啄食着植物的果实和种子，以弥补四五的不足。到了春暖花开的季节，东湖南北岸景观带花团锦簇，紫荆花、山茶花、白玉兰等数十种名花竞相开放，留鸟这下可以大饱口福了。原先是候鸟的白鹭，似乎喜欢上东湖的环境，变成半候鸟甚至是留鸟，没有明显的冬来春去现象。为什么会有如此多的鸟聚集在东湖？专家告诉我，三都澳区域湿地面积颇广，潮汐之间滩涂大，加上湖面有人工养殖，给鸟类提供了丰富的食物。

我在这要着重说的，是生活在东湖最为珍贵的鸟类——遗鸥。从 2003 年 3 月到 2004 年 4 月，鸟类学家在东湖湿地及其周边地区发现了国家一级保护鸟类遗鸥、国家二级保护鸟类黄嘴白鹭、鹗、黑翅鸢、苍鹰、红隼、长耳鸮、短耳鸮、草鸮、褐翅鸦鹃及其它鸟类，共 20119 只。其中，遗鸥在福建是首次被发现，这是来自遥远的蒙古鄂尔多斯高原的迷鸟。属世界易危物种。

说不清是什么年代，遗鸥的祖先来到亚洲大陆的腹地，在戈壁荒漠的湖泊落脚，繁衍后代。人类曾经离遗鸥很远，根本不知道戈壁深处竟然还有这么一个独立的物种存在着。直到 1990 年初，一个英国人在北京中科院动物所看标本，北京的学者才知道，遗鸥的生长地很可能就在鄂尔多斯。在那年繁殖季到来之时，中国的学者在东胜附近的桃力庙——阿拉善湾海子发现了遗鸥，有 500 多巢，比以往全世界发现的遗鸥数量要多得多。鄂尔多斯以前至少还有一个小湖，也有遗鸥繁殖，但从 1999 年开始，连续 10 年的干旱，那个小湖最早干涸了，遗鸥都集中到桃——阿海子。当地政府为它建立了保护区，避免人为伤害，数量逐年增加。水位下降，湖心岛的面积扩大，适合遗鸥做巢的地方也增大了。遗鸥对水的需求，使它在蒙古高原到处游荡，不断寻找合适的栖息地。这个地方没水了，遗鸥再换个地方。这就是它的祖先传下来的生存对策。

遗鸥过于密集的群居，本来是因栖息地狭小所致，但是却被有些人说成是保护得当的成果，是生态环境变好的表现。一些想赚钱的人就借遗鸥的名义到桃——阿海子开发旅游，在核心区建宾馆，修专线公路，在湖里开汽艇，还要在沙地上开沙滩摩托，高喊着“吃生态环境饭，发生态环境财”。

连续干旱和人类过于亲近的袭扰，桃——阿海子的湖心岛终于成了半岛，老鼠、兔子等都可以轻易登岛，遗鸥不得已转赴红碱淖。遗鸥飞走了，桃——阿海子的旅游不得不停业。而遗鸥也终于变成了迷鸟，四处寻找适合它们生存的家园，一路向南，终于在美丽的东湖歇了翅、落了脚。东湖才有了这世界级的明星贵客。

遗鸥的迁徙道理，人类能懂吗？聆听东湖的鸟语呢哝，环眺东湖的花香景色，我们有信心让这生命的栖息地宜居永恒吗？

我想：答案就在每一个热爱东湖的人们心里。

东湖听琴

吴　谨

追忆与寻梦

去东湖塘听琴！想着，心头涌起一阵热浪。

这是我第一次有时间专门冲东湖去的。夜宿东侨，安排停当，已是华灯初上，我迫不及待地出门去寻找通往东湖塘的路，像要去约会一位久违的老友。

哪料曾在宁德市区生活过两年的我，竟找不到当年那条通向金马海堤的路。恍如进入了一座陌生的城市。自信在这似乎起不了作用，还是问路吧。

一个人漫步在东湖南岸公园。虽已是深秋之夜，然而人来人往，还颇显得热闹。一弯如钩新月悬于空中，地面略显暗淡，但胸中那颗寻梦的心已然如火炬般地为我照亮了四围。我在公园临湖一隅寻了个游人稀少的静坐佳处，在一爿小店外的雕栏边，独坐圆桌旁，要了杯清茶，便毫不犹豫地关了手机。我要静下心来重新投入东湖的怀抱，去体验那份超然，细细地品味，慢慢地倾听，品回那段曾经，听回那片满湖的琴声……

20多年前，我在宁德求学，大二时的周末闲暇，常夹本书到东湖塘品读，偶尔故弄玄虚地观天俯地，思考那所谓的渺茫人生。有段时间，我常在东湖听到一种琴声，比吉他略来得清亮，比扬琴更显得悠扬。弹琴的是一位十八九岁的姑娘，白皙清秀，举止优雅。我问：你弹的这是啥琴？姑娘用略带粤语腔调的普通话告诉我：里拉琴，是天上的琴。

那些日子，我和她常在去东湖塘的沙石路上不期而遇，或并肩同行，或擦肩而过，少有对话，互相只留下微笑，连对方的姓名都不曾问。半年后的一天，她对我说：明天我要随爸妈迁居国外去了。我对着她的琴说：那以后就听不到你的琴声了？她说：只要你用心去听，东湖塘里就有我的琴声。

后来，她走了，我也毕业了，只留下一个关于天琴的记忆，和那位姑娘甜美、醉人的笑靥。

此时，没有比东湖塘的风更清净的了，一阵接着一阵，不急不缓，不大不小，似乎永续不断地，透过我的身体，让我变得透明起来。我也似乎沉浸于记忆中，回到了当年的东湖塘……

我仿佛听到了静谧的湖边上花瓣撑破萼苞的声音，听到了鱼儿在东湖里游溯时甩尾的声音；仿佛听到了芦苇荡里清脆的鸟语、闲逸的虫鸣以及那芦叶的摩挲声；也仿佛听到了那段夜曲，远处传来的若断若续的琴声，和着那渺远的歌声与细切的欢笑——是那位姑娘弹奏天琴的声音么？还带着一缕乡愁，悠然满湖。

我突然惊醒：我寻到梦了。

天琴与天籁

仰望天空，月暗星繁，群星闪烁，明灭于天际；环视东湖，塘边灯光延连，湖面波影荡漾。一时间我心生妙然，竟辨不清何为星光，何为灯光。

就在这妙然之间，我猛然有了个惊人的发现：这广阔东湖秀丽的南岸

公园、北岸公园及其延伸地带，不正是自然造就的那天琴的琴柱吗？而金马海堤便是那天琴的弦梁！整个东湖塘正似一架天使遗落于人间的天琴——里拉琴。

是天琴座下凡？我想是的，东湖塘，如今的东侨还真是一块“众星”频顾的神奇之地，不信你看看那片“北斗”垂临过的“七星”村居，还有附近那些诸如“三角”“下凡”之类的地点，便能参悟到其中的奥妙了。

当年遗落这架天琴的天使如今何在？那遗落满湖琴声的姑娘如今又何在？既然东侨是天琴下凡之地，那么，这里所发之声皆可称天籁之音。我又记起那姑娘的话：用心去听，就能听到她满湖的琴声。我的思绪又融入了那迷蒙的夜色，穿越于缥缈的东湖之中……

秋风习习，如切如磋，厮磨着你，让你舒爽得透底，清爽得过瘾。坐岸边，听一片叶子旋转翻腾地挣脱枝头，如痴如醉地漫天飘舞，最后静静地躺在湖面上；听无数雨滴叮叮咚咚地打在湖上，敲响菊月水上的琴。秋令之爽，莫过于东湖。

至若冬日，处一汪清渟，借海洋之力，荡去大陆气团，寒而蕴暖，冷而存温，并涵养生机，终又先人一步，迈入首阳。冬藏之和，莫过于东湖。

来自东海第一缕春风是最先到达东侨的，溶入山水，催长万物。东湖塘生机早发，绿意先显，春光先明，花草树木舒展身姿承接阳光雨露。水平如镜的湖面，倒映着蓝天白云、青山绿树，让人仿佛置身图画之中。春色之美，莫过于东湖。

近水楼台先得月，临海滨洲先润潮。盛夏之东侨，高温未起，曝晒未烈，倒先因海风扫荡而凉却一半。暑夜之东湖，皓月悬空，湖面粼光闪烁，荡出条条蜿蜒的白龙，天籁弥野，鸣声远近，啾唧应和，相自成趣。夏景之丽，莫过于东湖。

我已然迷失于东湖塘美妙的四时佳色，更无论还有那移时换景的朝晖夕阴了。也许，这四季晨昏正是那天琴弹出的神来之韵吧。

我开始佩服东侨人的淡定，生活在这般的人间仙境里，居然能做到心情如此的平静，是身在福中“不知”福，还是“只缘身在此‘洞天福地’中”呢？每天都能尽情投入这醉美东湖的怀抱，作为东侨人，无疑是极幸福的。

我想，如果那位天使能再来东侨，一定会惊叹于这里的变化。如果那位姑娘能回来，一定也会不想再离开了。

弦梁与脊梁

东湖塘之所以能称得上“天琴”之地，离不开那条“弦梁”，那条弦梁似的海堤并非上天所赐，而是东侨人数百年来不懈努力去圆梦的成果。

古有精卫填海，今有东侨截湖。自宋末以来，700 多年锲而不舍征服海洋的筑堤壮举与斗志，和新中国成立以后 500 多万个手提肩扛的人工与坚忍，成就了一个新的不朽的“东湖神话”。人们用血汗造就了一架“天琴”，更创建了一座现代化的公园般的城市。而这种愚公移山、敢为天下先的精神，成了东侨丰富文化底蕴中的重要核心。

沧海桑田，这个成语仿佛是专为东湖的发展量身订制的一般。我静坐湖边，望远处高楼林立，街衢绵延，灯火煌耀，惊讶于东湖塘的巨变，感叹其变化之快。我似乎听到了周围高大楼盘在这静美的夜里如春笋一般向上拔节的声音，而那远处象征城市动脉的高铁动车，竟然难以让人听到一点哪怕是极细切的声响，倏忽之间就去得无影无踪了。

东侨，富于传承与发展。其历史虽短，但在文化上却有悠久的传承，自五代闽龙启元年（933 年）朝廷析古田感德场与长溪宁川乡“重组”宁德县起，东湖地域在经济、社会等方面就开始了长足发展。东侨又是一个全新的文化体，1997 年成立开发区后，随着经济社会的高速发展，有了更多的属于自己的元素。我们如果把蕉城比作一朵娇艳的红玫瑰的话，那么东侨则是经高科技结合之后培植出来的七彩玫瑰！

这种迎难而上、滴水穿石、锐意创新、跨越发展的精神，已成了新时代东侨的精神脊梁。

赞美与祝愿

凭栏而眺，夜色曼妙。

东湖自古灵秀，宋宁德县令李泽民就对其有过“四围图画簇鲜妍”的传神描述。如今的东侨已不再是那种单纯的风光美，而是集自然、人文、发展、生态之美于一身，成了宜居宜业的新型滨海城市。东侨的这种变革、涅槃式的发展，得力于东侨的广大劳动群众，得力于睿智的决策、管理者，更得力于党和国家的大好政策。

东侨如诗，如画，更如歌。她是一首岁月静好的歌，一首温暖明净的歌，一首朝气蓬勃的歌，一首斗志昂扬的歌！如今有了“天琴”的伴奏，愿东侨人能更好地演奏出高速、健康发展的华美乐章，奏响新东侨时代的最强音！

我，心神畅快，起身归去。仰首，夜已央。

东侨，一曲轻舞飞扬的牧歌

蓝　雨

一

今天，我披拂春风来到这里。

在用花朵歌颂的春天，东湖向我们尽显她姣好的风姿：草地、花朵、湖泊、长廊、广场，及休闲的人们。

在洒满阳光的路上，她一直提醒着我：慢下来，再慢下来。

这就是东湖，她用饱蘸诗歌的手，一路把我牵来，牵到她的身边，率性而温和。她告诉我，生活可以饰以诗情画意。

在东湖的南岸与北岸，不论走到哪个角落，都有一幅幅美妙的画卷舒展在眼前。

在我们走过的每一条路上，都可透过稀疏的树干，看到时隐时现的碧蓝湖水。

你若要亲近湖水，只要从廊道里往外走，湖水就会以深情的眼眸深深地凝望你。而湖中绵延的芦苇与细浪，是她心间开出的花，她给我们带来内心的纯净与柔软。

东湖，是用人们的欢声笑语弹奏出的泉音，是用她的长臂拥绕出的温情，她用大手牵起一双双小手，在微风中慢慢牵着人们往前行。

如果有一截光阴可以慢下来，我想，在东湖可以。

她让每一个来到她身边的人，都有如沐春风的感觉。她的含蓄与热情，使我这个异乡人，也竟痴迷地恋上她。

东湖，用她瓷质、水晶般的心，用她手心的温暖容下了我小小的吟哦。

二

我总喜欢把相机对准湖边，对着湖边的芦花拍摄，仿佛，它们是一个个孩子，提着灯盏，凝望远方，用小小的身躯去推动湖中的细浪。

湖水，把它们的身影拉得细长。湖面，会在它们的身影中更显空旷与邈远。

在东湖，这样的芦花很多，它们在风中不停地奔跑，从20世纪奔跑到现在，从秋天奔跑到春天，仍不停歇。

而手握微单的人，湖边漫步的人，他们在光线中收集云雾、草木、湖泊与天空，它们似乎是急于要在黑夜来临前，用微风抒写下这沉静的诗篇。

美在这里都会慢下来，一切都会慢下来。

但芦花它不会慢下来。

奔跑的芦花，似有满腹的心事，它们在与风每次的擦肩而过，仿佛都会有一颗心被洇湿。

在寂静大于喧嚣的湖边，唯有这小如尘埃的一束束芦花，它们的内心暗藏着蓝色的孤独，它们懂得寂静的意义。

春风依旧在吹，吹亮了它们的身影。一场白色风暴，深陷泥潭。心却大如天。

三

在湿地公园的入口处，我们一眼就望见了一大片的草地。

一个花海，由红色、黄色、紫色及绿色编织的彩带。它们铺向倾斜的天空，铺向视野所及的远方。

一个个行人散步其间，他们或蹲，或站，或走，他们，如在画中，而画中的人，有时像你，有时像我，有太多的你我在里面。

如果，嫩叶和花儿会有美丽的幻想，那么，风声与暮色在此就会是完美的交集。就似此刻，我们只需在满地的花儿中寻找暮色。

暮色是如此迷人，任何言语在这里都是无力的。它把花儿、草儿，把你我绘成梦幻的色彩，而后，我们在这里会寻到一个通往彼岸的入口。

我喜欢这里，不愿挪步，我蹲伏下来，希望可以聆听到花朵的声音。

一朵朵的波斯菊，高高地擎着，有如一张张娇羞的脸，在霞光中更显妩媚。

一朵朵的二月兰，竞相开放，她们的质朴、娴静，注定要给暮色增添几许温柔。

香草在草地上平铺开去，仿佛是寂静连着寂静，所有的嫩叶沉默不语，所有的游人来此舍不得喧哗。

大家在暮色中，听风、听雨、看斜阳……

夕光纷纷扬扬，在我们还未来得及迈开步伐时，暮色已渐次迷离，眼前的景与物也愈加朦胧。

即将远行的我们，暂需离开这块福地。

往后，我们会在另一个黄昏来临的时刻，在另一个地点，忆起这片紫色的霞光中，轻盈的风声抚摸过我们的这片花海。

四

有一种爱是漫不经心地，我想，我与东侨即是如此。

一只鸥鸟，在东侨的一汪碧水中盘旋低飞，它的身上灌满风声与涛声。

它会在不断地飞翔中，把暗处的风交给缓坡，把火种交给湖水，让自己变得通体透明。而后，信步，停歇。

一束灿烂的紫荆花，如染、如画，它会把杯盏伸向晴空，把心中的牵挂开满春天的枝头。

在一阵无意的风中，我轻声歌唱。

我知道，在东侨，有一丛葳蕤的树叶向我俯身，有一湖的清澈向我凝望，无处不在的温情，向我伸出爱的双手。

我漫步其中，经过青草地，经过小木屋，经过扶苏的杨柳。暖暖的阳光洒落下来，一颗松果落在地上，我仿佛听到，它破壳而出的响动。

东侨，轻舞飞扬的一曲牧歌。它的山光水色、古朴庄重、自然和谐，是你，是我的心灵家园。

东侨三宝

林小耳

对于一个崭新的城市来说，缺少历史或许是它的遗憾，但如果它足够美丽，足够宜居，足够让每一个途经于此的人都有驻足的念头，那它的崭新就有了充分的意义。每次来东侨，我都满心欢喜，仿佛一个寻宝人在此觅得了宝藏。如果你在钢筋丛林的都市里感觉到了逼仄和烦躁，不如就趁着秋色正好，到东侨来领略一番水之韵、鹭之灵、草木之欢，体验一番寻宝的乐趣。

水之韵

南岸公园、北岸公园，这两个公园的名字未免也太随意，太漫不经心了点，但是倒也准确无误地传递了一个信息，这两个公园横竖是要与水有染。是的，这是两个命中带水的公园，一南一北，仿若东侨的剪水双瞳，让东侨的美更添了几分妖娆和灵动。

如果追溯东侨的前生，这里原本就是一片泽国。这是个从海中诞生的

城市。愚公移山是神话，而东侨的沧海变桑田却是神话一般的现实。但或许这与生俱来的水性，让东侨即使快速地拥有了一个现代化都市的规模，但也依然保留着它温婉灵秀的一面。这自然得益于环揽着它的永不停止荡漾的水波。

来到东侨，你必得到南岸公园或北岸公园一逛。信步闲走，因挨着水，你放眼望去，天地相接，旷远无边。单是静态的一楼一台，在蒹葭掩映中，水中的倒影成了天然的水墨长卷，更不用说白鹭低飞于空或浅栖于水，又会谱写出怎样的浪漫诗章。来此闲游，你还可能时常遇见来此拍摄婚纱照的爱侣。他们携手、相拥，让东湖水见证一份挚爱。恰如那款名为“一生之水”的香水，他们都深谙，真爱如水，须一生相伴。

水就是这样神奇，因了水，万物皆活；因了水，动静相宜；因了水，就连生硬的城市都变得温润。而对东侨来说，它最让人值得称道的，便是填海造城已成奇迹，而懂得为水留一条生路，更是智慧。东侨，因水而生，因水而兴，更因水而有韵。

鹭之灵

在东侨的天空和水波之间写意的，除了风声，枝蔓和流云，就是这些鹭鸟了。

在晨光或暮色里，看鹭鸟在东湖的涟漪间觅食，看它们的身影在斜伸的枝蔓上，多么像是一个又一个时间的逗点，或者又像是几个凌乱的惊叹号。如果有风吹拂，枝头摇曳，这些被惊飞的鸟们，呼啦啦地，也像极了时光，只一瞬，就成了过往。

鸟族的灵慧在于它们知道择福地而居。这些白衣胜雪的鹭鸟，它们必定是被这一方水土的灵动和婉约打动，逗留于此，化作了这天然水墨画卷

中的一痕一迹。在这样的自然里，人会毫无缘由地陷入对灵犀和天空的无限向往。自由与自然，这样两个简单的词汇，对于更多的人而言，往往会是一生的追索。在东湖的湿地公园，这些在水天之间恣意遨游的白色精灵，用它们飞翔的曲线，用它们难以捕捉的眼神，告诉了你，什么是自由与辽阔。

时光无边，自由无垠，鸟儿的世界足够让我们仰叹和想象。仅仅是它们临空的那一瞬间，时光和镜头都屏住了心跳。当你看着白鹭在光影中呈现出生命的欢欣，除了赞叹它们的美好，心中也会涌起对这方水土无限的热爱吧。东侨，这绿色的生态家园，给了美更多的诠释和注解。大美无言，我们只需屏息，让心灵随着这些鹭鸟去做一次自由的飞翔。

草木之欢

来到东侨，你大概会羞于自己植物学识的匮乏，东侨简直就是植物的乐园，各色花花草草，招摇着各自独特的美。你的目光流连于那一片绿或者那一抹红，却常常傻傻地叫不出它们的名字来。

南岸公园、北岸公园，遍植草木，无论你哪个季节来此，始终都有花木的清香在欢迎你。如今，就连东侨新崛起的各大楼盘，也大比拼似地，争相用宜人的绿化景观吸引你。毫不夸张地说，你随便去到三盛海德公园、水岸阳光、东湖品臻等楼盘，都可以拍出天然时尚的照片来。所以，不仅仅是精心装点的公园，连这些楼盘都成了婚纱摄影的热门之地。

可是东侨并不满足，又辟出大门山公园、塔山公园、兰溪公园……花田里依着不同时令种植不同花木。向日葵、波斯菊、百日草、千日红、二月兰、鼠尾草、虞美人等等先后在此摇曳生姿。红有红的喜庆，黄有黄的气派，紫有紫的高贵……当你进入东侨这片花海，仿佛都能听见这些播撒香气的精灵们的欢笑。人在花中游，花事缤纷，轻易就让你陷入了一场美的梦境。

其实，东侨又岂止只有这三宝。这水之韵、鹭之灵、草木之欢，归根结底，都是东侨人心血的凝集。他们从自然中索取，又给予自然必要的回报。正因如此，曾经的沧海用它一贯宽容的胸怀，托起了这颗冉冉上升、熠熠闪光的明珠——东侨。

北岸的清晨

掬水月

宁德的冬天来得稍晚，总是在深秋走到了尽头，才羞答答地缓缓而来。虽然初冬的空气里夹杂着一丝寒意，放眼望去，却依然有着秋天的生机盎然和花红柳绿。

走惯了嘈杂的马路，遭遇着喧嚣的人群，久而久之，习以为常，人也渐渐变得毫无生机。忽然惊觉，我居住东侨这块区域这么久，却从来没有在清晨散步于北岸。那初冬的北岸，又将会是怎样的情景？一湖水碧，两岸鸟鸣？时有渔人至，抛钩一小天？当一个人漫步于此时会有什么样的感想？也许，不是也许，而是就应该来此走一遭！

这一日，初冬的清晨，阳光正好。

清晨的东湖是静谧的。顺着东湖北岸的栈道迎着太阳升起的方向东行，

被越来越亮的太阳一遍遍抚摸着，格外温暖。阳光把闪闪的金光泼洒在湖面上，跃金点点，扯破了尚未褪尽的薄雾。岸上林立的楼房，倒影入湖，交映着水中天，湖中云，相映成趣。有微风从湖面吹过，混着草木的味道，扑面而凉。忽然，平静的水面掠过一行白鹭，在清晨的阳光照射下，白色毛羽像镶了金边，特别光亮，它们拍打着翅膀，有序地朝着太阳升起的天际迤逦而去……随之而去的，还有我远眺的目光，看那蓝得惊心动魄的天空，看这不言不语的好风景，心情与心境安详而豁达。我以为，人都是大自然的孩子，热爱清新的风，热爱湛蓝的天，万事皆有意趣，只要用心、只要愿意，生活可以处处充满诗意，呼吸间胸襟也随之开阔……

从栈道折回，缓步进入北岸公园，石子路中间打几个小折蜿蜒而伸，人行道边的花草盎然，虽是初冬，但花花草草有了阳光的温暖呵护，依旧是你喜欢的样子。是呀，以往行色匆匆，俗尘太多，把心房挤得客满，很少再去关切路边的风景，只有慢下来，才能见到生活周遭的丰盛细节，不论是一花一叶，还是一草一木，都有趣味。在冬天里，人们也照样能看到一片生机勃勃。大地所养之命，默默进取，外物如此，人应如何？在人生的历程上，每个人都想尝试着活成自己喜欢的模样，我想，生活其实并没有那么复杂，也没有那么远，不过就是身边一蔬一菜、一屋一舍、一山一水。

拾级而上，公园广场上晨练的人们，有老有少，有男有女。快步急走的、拍打手掌的，什么样的锻炼方式都有。一个少年吹着口哨、划着轮滑呼啦而过，天光云影、湖光水色映着两岸的新城和跃动的人们，活泼泼的生命气息扑面而来。这让我猛然想起多年前在校园的好时光，当学校广播开始播放晨曲的时候，操场上也是这般地生气勃勃，每每看到许多同学打球、跑步的身影时，总为这欣欣向荣的场面而感动着、幸运着，这是生命的色彩。而这东湖北岸的清晨，再次让我感受内心的悸动和对生活的热爱。我突然惊讶地发现，生活总是无时无刻不在教我认识世界，传授给我力量新生的秘诀，并鼓动和激励我，让生命的太阳从内心升起。

一日之计在于晨。北岸的清晨，崭新的一天开始了……

诗意南岸

彭小妮

都说熟悉的地方没有风景，但南岸已经不是昔日的南岸了。那一片大海与陆地交接的滩涂，如今已经有了一百种风情。南岸，改换了苍茫眼神，披一袭新衣，种一百棵新树，集合一百种鸟鸣，呼唤你的到来。

一湖秀水，两岸对望。朗朗的阳光穿透了树叶，细碎的花儿铺满了缓缓上升的山坡地。车笛声远离了，尘土不飞，心就可以安静下来，能看到湖面闪动的粼光，听到细碎的鸟鸣。走进南岸，突然感觉到了生活的伪真实，那整日忙忙碌碌，在天空下奔跑的景象，难道就是占据生活的全部真相和使命吗？我只知道，走进了南岸，就突然感觉亲近了自己，亲近了自然，亲近了心灵所希望的本真。我只知道，这一处闲适的所在让人倾心，做一只平凡的水鸟，就可以每天衔着白云，飞过倒映着蓝天的东湖水。

在拥挤的老城区，宽阔是一种奢望；在车轮子飞滚的地方，宁静只能是一种想望。繁华城市里，也有无数霓虹，却带足了尘世的气息，除了眩目，感觉不到诗意——所以，这都不如南岸。南岸，离尘世有一段距离，但并不与世隔绝，它清新宜人，温暖抒情，守在城市的一边与你心意相通。南岸宁静，宁静地可以听见鸟儿拍打翅膀的声音，声声轻啼飞过耳畔。南岸有百树坡，南岸有回转廊，有两万只水鸟依恋着东湖，与东湖的碧波为伴。南岸的夜，有五色的灯火，有清凉的风，有人们的脚步，随意地走上水中的舞台，或是沿着缓缓下降的坡道，寻找到一处安静的角落冥想。

或你有豪情，就走上最高的观景台，望向海的方向，与海潮一同澎湃；或你有些沮丧，就沿着湖岸往前奔跑，前方的景色，越来越美。如果你有一份闲情，就在椅上小坐，这所有的鲜花绿树，都属于你；如果你秀丽典雅，就于园林小筑的雅致中，保留一份古典心情，听潺潺流水，做一曲小令，填几行词。

现在正是盛夏，南岸正葱茏。为什么不去南岸呢，南岸的生机，正如青春勃发的你，走进南岸，在阳光闪动中播洒欢乐笑声；为什么不去南岸呢，南岸的清幽小径，正适合挽手的一对，不管是青丝乌发，还是偕老白头，走到岸边，都可以一起看夕阳将灿烂的晚霞染醉。

秋天会来，冬天会来，南岸会有怡人秋景，也会有冬日暖阳。南岸，永远是最亲近心灵的。下一个春天来的时候，她会和你一同欣喜，因为又增添了一年的温暖记忆，记忆中有你，有我，有她。岁月变迁，南岸变化的只有四季，有不断长高的树，不变的鸟鸣，不变的东湖水。

希望走过一条路，没有严肃的铁护栏，却有着写意的坡弯，慵懒的石阶，来南岸吧；希望放眼望去，不再碰到坚硬的水泥墙，能与暖风柔水一起，载视线的小船去远游，来南岸吧。疲倦的城市人，身体的困顿，心灵的焦渴，眼睛的贫乏，多么需要呵护和滋养。一朵小花，一棵绿树，远比磕脚的砂粒、繁忙的站台可爱；流动的水瀑，露天的舞台，远比沉重的帘幕、禁锢的四壁生动；流连于默默的水塘、寂静的园林，远比无止的喧嚣，更能安放美丽的心境。

为你造一扇隔雨的窗棂，保有一块洁净的领地；为你收容烦琐的语言，哪怕多年后你全部忘记。挥洒的青春，也有飞扬的泪水；成熟的面容，也有脆弱的断点；渐老的容颜，总会有沧桑的心境。来南岸吧，南岸是纯情

的少年，与你一同欢喜忧伤；南岸是知心的挚友，面对面端坐，就能化解仇怨，给你力量；南岸是睿智的哲人，告诉你，参透了人生，总还是一份热爱。

正如她来自一片滩涂，如今却有了美丽风景；

正如她放弃了一片丰硕的田园，却拥有了一万个人的脚步踏在她的心上；

正如她永远默默，自有鱼儿在游动，花树在生长，鸟儿在细语，还需要什么？

正如她包容了所有，永远对你微笑注视。

那么，还有什么不明白的呢？

从兰溪到东湖

陈巧珠

一次偶然的机会与朋友相约出游。朋友开着车，在东侨繁华的大街上穿梭，我则在一旁低头看着手机。当我再次抬起头时，看到车子进入了一条僻静的小路，道路两旁绿树成荫，强劲的野草丛生，一条静谧清澈的溪流如梦幻般地我眼前呈现，竟不知道身在何处。我愣住了：这是哪儿，东侨还有这样的风景？朋友淡然回答：溪口，因这条兰溪而得名的村庄。

兰溪，多动听的名字，不知为什么，初见兰溪，刹那心动。溪口村与繁华的东侨新区仅一水之隔，却散发着乡野的气息，这种气息是我在这座纷杂的城市中，唯一能从心底悠然升起宁静的情愫之地，这里没有霓虹灯闪烁的绚丽，没有喧嚣的琐碎，在这里能感觉内心一汩清流，似梵音吟唱在山外山，云水间。从此，闲暇之余，我常常流连于兰溪堤岸。

天气恰好，天空湛蓝，清风习习，周围有一种被静谧抚慰过的祥和，我踱步于岸边，眼前时浓时淡的雾气中在水面缥缈，群群白鹭时翔时集，有的展翅掠过水面，激起的波纹在我的心尖荡漾；有的相互追逐于空中，鸣叫声随风飘荡；有的停水中石上，静静相看。不远处，一个捕鱼人，身着橡胶裤子，站在溪水中，振臂一挥，将手中的渔网在空中划

出一道弧形，撒落在水里，激起的波纹一圈圈晕开，惊起一滩白鹭，与溪水中的浪花同舞在清流中，生动之美不可言表。

兰溪曼妙的身姿在东侨这片美丽的土地上缓缓舒展，溪流平和，我坐在水岸边，看着眼前寂静的美，心也沉静了下来。兰溪的水是那样从容不迫，她没有瀑布的跌落起伏，没有震耳欲聋的声响，没有龙潭的高深莫测，更没有大海的波澜壮阔，但兰溪的美却让我心旷神怡，让人心性返朴，释放出所有美好的情绪。在这里，你可以仰天纵情啸歌，可以让思绪驰骋于千山万水。然而此时，我只想静静地看着溪水自西而东。无声则形更显，几棵水草随波舞动，几片落叶逐水轻漾。每每徜徉在兰溪畔，见此情此景，总幻想着自己是一株水中的水草，自在随流，俯视溪中的黑色石头，触摸溪里小鱼，仰望天光月色，坐禅于云水之间。

我不是水草，也难达水草之境，河岸边粗壮的芦苇在风中摇曳，洁白柔顺的芦花如同拂尘轻扫，心中多少的蒙尘，慢慢被扫尽。天地大慈大悲，昂首便是湛蓝的天空，低眉间流水尽是禅意。我一直很喜欢这种普通的植物，“白马入芦花，银碗里盛雪”动静总相宜。这是一幅美景，更是一种境界，是有与无在寂静岁月中的波澜不惊，是一种脱俗而又世俗，自我而又慈悲，孤寂而又清远的深情。我喜欢它朴素之美，喜欢它柔而不弱的姿态，虽然它没有大树的伟岸，但一样迎凛冽寒风，虽然没有花开绚丽，但一样点缀四季，一样把卑微的生命演绎在四季的轮回中。

太阳渐渐升起，晨雾散去，阳光下，兰溪波光粼粼，微风带来阵阵青草的香甜，夹杂着泥土的气息在空中氤氲，我迎着朝阳，踩着阳光，随风

在这旷野里行走。难道东侨之郊的日子就是这样安闲吗？此时“趴嗒、趴嗒”的脚步声在我身后由远而近响起，不疾不徐，一步步稳健实在。捕鱼人一手提着木桶，一手拎着渔网，从我身边走过。擦身间，我听到桶里的鱼儿跳跃的声音，溅起的水花从桶里溅出，一股熟悉的鱼腥味，让我知道他已经心满意足地回家。是的，东侨郊外人的生活，如同溪水一样，安然自得。

东侨新城成长的速度确实惊人，休闲公园、溪岸景观一步步走到了溪口村，但溪口人不心慌不拒绝，他们如同兰溪水一样，早就知道细流终归大海。他们开着新车兜风在新辟的道路上，他们揣着新梦想散步在新建公园里，他们接纳城市的繁华，享受华灯的辉耀。兰溪的水注入了东湖，溪口村如同东湖一样，成了城市的静美一隅。

别过溪口随水流入城，自己仿佛成了兰溪之水，居然有了几分矜持，这繁华都市能接纳我的浑身乡野气息、从山间而来的清泉之水吗？此时，我仿佛是一个涉世未深的小姑娘，能挡得城市的诸多诱惑吗？但我来了，来到东湖，与海水相融成了东湖的水。多少惊慌来不及回味，海水已经拥抱了我，高楼沉影在我身边，华灯如星闪烁在四周，我仿佛又见到高山、星星、月亮，见了许多树木森林，原来这里我并不陌生，这一切虽然来得突然，但依然是我曾经的梦境。我不再慌乱，不再彷徨，这也是我的故乡。

不远处，大门山、塔山依然鸟语花香，湖边的栈道游人如织，他们走过的脚步声依然有我熟悉的声响，他们卿卿我我的话语，都是我梦境中的呢喃。我虽然依恋兰溪，但我也喜欢东湖，这里休闲广场是那么洁净，这里人说话是那么轻柔，这里人把东湖视为城市明镜，把水视作修身养性的先师。朝见晨练，午见垂钓，暮见漫步，东湖早早晚晚都是风景。作为东湖水族的一员，有着看不完的风景，有着听不完的故事，多么令人神往。

有人说，东侨贵有东湖，有了东湖才有了南北两岸的风景；有人说东侨贵有大门山塔山，有了两山才有了湖光山色；而我说东侨贵有水，有了这水，就能引领人走向兰溪，走向东湖，走向城市中的宁静，享受着滋润的日子。

诗意东侨

我有幸生活在这里

——给东侨

叶玉琳

当我来时，路旁树木都已染上寂静的烟波
蔚蓝是一颗星对另一颗星的恒久信赖和追随
我有幸，和你一起生活在这里
穿过水中的芦苇，阵雨洗过的新桥
秋风把金黄色的月亮托到我面前
往返的湖水里有巨大的秘密
像澎湃的心脏对你低语——
爱着就是信仰，活着就是幸运

我背靠着的塔山、大门山、金蛇山，都加紧填土
在南方的冰冻没入膝盖之前
人们要在这里种上玫瑰、香草、波斯菊
我一生从未接受过爱的礼物。现在
诗歌在赶路，爱融化成亲情
有些庄严的仪式，需要在百年之后
由它们替你完成
也许当朝霞升起，你和你的新朋友
在这里并肩漫步，欢畅不能自已
我有幸，在眺望你们的时候一个人慢慢衰老

剩下这些明镜似的时光
在洁白的岸边，找到安歇的理由

我曾经把手枕在海水的凹槽里做梦
也曾用蓝色的贺卡悄悄给你写信
有时堤岸会从黑暗中传来回声
像上帝对于圣徒的赏赐
亲爱的，在潮汐起伏的家门前
我有割舍不尽的青春和故土
你有大海一样广阔的前程
我有幸，找来光和海鸟的羽翼
为你写下春天的乐园——

是的亲人，你有你完美的背影
我用这柔软而恢宏的诗句
伏在你耳边，完成一生的倾诉

东侨，当我拥抱着你（外二首）

叶玉琳

当我拥抱着你，东侨
太多的美　太多的语言需要弹奏
十五年前那些荒芜　泥路　水渍一扫而过
一个寂寞的容颜在悄悄改变
东湖　南岸　塔山　立交桥　华侨新村……
一座城市的血管在澎湃
大海之间的湖滨
花园之中的花园
粉紫而轻俏的花木
崭新交错的楼房 路标
紧紧环绕着我
留下炽热的爱和体温
我想我的前生
一定有一个女儿　就叫幸福
她所具备的品格和容貌
以及那长长的未知岁月
都开启在这里
隔着最美的那一扇窗
我要告诉幸福：
东侨的月色要一点一点地饮
东侨的花香要一点一点地吸

告诉她　要像她的母亲一样
在这里好好地工作　好好地生活
找到心中最爱的人
为了这一颗小小的幸福的心
我以每秒一百公里的速度来到你身旁
树荫下的空旷地里
我抚摸着你的脸　做着可爱的运动
如镜的海面　移动的船影
运送了大量的白鹭、烟霞
来匹配这美、这光华、这色泽
啊，每时每刻，除了你
还有谁值得我长久地思念　眺望
命运安排我们这样相约
爱的故事　她将在阳光下被雕塑
一夜花开直到白头

东侨速写

南方三月，我沿着街心公园
走过去又走过来
此时的东湖和我
隐藏在树丛后面
白鹭在晨光中幽雅地变换队形
它不知道世界就在不经意间
已经种下翩飞的美丽

是的，不是所有的日子都需要张扬
在湿漉漉的肩膀披上奖章
湖边沉默的树，树上的果实
仿佛邻家的孩子
一夜之间茁壮成长
接近自己的梦想和奢求

一生有诸多遗憾
不能一一说出
每当月光颤动
我总是以诗歌的名义
一个人来到这里
仿佛一只蝙蝠
在晚祷的钟声中边舞边唱
谁在湖边弄剑、抚琴
最初是一种习惯
慢慢地就成为一种姿态
哦，岁月没有遗忘他们
岁月刚刚年轻

我听见一种旋律
从众多的心底唱出
因为气息相通，节奏相同
才能够为彼此所接纳
春天的大海就在家门前起伏
温暖，宽阔
像极了自己的亲人

兰溪山以北

我相信，神就在这里
在树木、飞瀑和云朵
共同构建的王国
同行者渐渐远去
只有我一个人放慢脚步
开始对一个村庄重新命名
一只蓝蝶为我让出了道路
风吹动青草的衣襟

混合着秋日暖阳的气息
我相信，她真的能够
包裹疲惫的灵魂

不是所有的日子都能诞生诗歌
也不是所有山峰都值得怀念
在兰溪山，有人在草地上建起了大房子
雕塑墙刻下沧桑的面容
远处街景繁华，人声如织
但这并不是阻止我的遐想
多年前，我也是这样
从乡野，通过风的手
去触摸最原始最空旷的美
我对着内心喊——
时光短促，快快生产吧
我的语言，我的血肉
夜晚飞翔的鹰
用蓝色的翅膀将天空
抬升到合适的位置

在通往春天的幽径
我想起自由生长的万物
新的生活就要诞生

我要大声朗读你，东侨

朱谷忠

从未写过你的名字　东侨
你的沧桑　我更无从知晓
秋风有约　让我从远处赶来
总算有缘　见识了你的容貌

且不去诉说曾经的寂寥
更不去追忆往昔的难熬
都说如今的你　一切都变了
恍若一串明珠　环闪着三都澳

这就是你吗　脚下的土地
似有不尽的热情正在燃烧
这就是你吗　四周的空气
也有蒸腾的汗水的味道

宽阔平整的大路　如绸带
束起了塔南与漳湾的蛮腰
洁净高大的厂房　如玳瑁
凸现了蓝天碧海的笑傲

高新技术　优化环境

每一项都折射着科学的思考
大项目立区　新远景规划
令人心潮逐浪　奋力攀高

勾画你　需要束束彩笔
描绘你　需要五彩颜料
我是诗人　我选择了诗歌
因为我异常的兴奋需要化作呼啸

其实　你就是一部未完的史诗
每一个章节都多彩又妖娆
你还将铺排许多新的章节
它是无数建设者共同的创造

还是让我大声朗读你吧　东侨
你是跨越式发展最美的诗稿
我要朗读你奔放的激情　绵长的韵味
让全福建　全中国　全世界都听到

栖居东湖

谢宜兴

回到东湖，我已飞越万水千山
仰望或俯视，幸福有着不一样的意涵
仅仅有一所房子是不够的
即使面朝大海，春暖花开

只有心依恋的地方才叫家
每个飞翔的生命必有一方缘定的山水
它们有相互开启的密钥
最隐秘的敞开才有最深入的抵达

第一次随海鸥翔游至此
东湖，只是陌生而荒凉的异乡
虽然夜栖的湖岸，水中月
让练翅的我有了投入的冲动与向往

而今重返，我的左翅沾满了风雪
我的右翅披散着霞光
浸沐在东湖的秋波中，才知道
千万里寻找的密钥年少时曾经错过

就此卸下看不见的脚环

且将梦中的五美庐在湖边孵化
往后你看见苍鹭在东湖上敛起翅羽
便是我远离江湖回到了内心

水岸阳光（外二首）

刘伟雄

阡陌与叶脉
流云与轻烟
纵横在视野的阳光
明媚着东侨的今天

曾经有雨，一直落在东侨
在东湖溏边，三十年后
少年依依的身影已与湖畔
一起走入淡淡的云烟
孤寂的岁月也和木麻黄
移植到了渺渺远方
无须付出伤感的代价
水湄上的浮萍就有了方向
跨出水淖的沉重步履
将历史和今天交给自然洗牌

沉默的土地有多少秘密
喧哗的海洋有多少秋波
一洼水上，一片家园
多少生活就这样走进了岁月
阳光下，一座耸立的新城

把记忆的流苏挂成风标
恍惚中的时光流转
欢乐，幸福，和谐，温暖
都有了实实在在的回声

也许，忧伤只是昨夜雨中的色彩
诗意已经绿满东侨的大地
旋转的花伞汇聚成蜿蜒的曲谱
每一滴水珠都甩出明亮的音符
一座新城，凝聚了南来北往的目光
一种期待，是时光的颂辞迎着旭日东升

塔　山

栉风沐雨 在东侨还不是
东侨的时候 它已经屹然挺立
多少春秋拂眼而过
风雨又算得了什么

如此沧桑巨变 死水变清波
一片翠绿的簇拥 把它渲染得
也有几分把持不住的迷离

在东侨 我们的仰望
从不同的角度都落满了
花瓣一样的缤纷

东湖塘

一片沼泽地的沉寂
老华侨的故乡记忆
披满风霜

如今峰回路转
这个时代
笑颜绽出花香
满怀的明媚春光

一望无际的碧波荡漾
一往情深的壮丽河山

东侨，通往秋天的滨城（诗组）

哈 雷

新城湖畔

窗前的湖水涨了，青草的气息
掀动季节那张生动的脸
在洲沚栈桥上，鸥鸟的声音
衔接了辽阔的海域
此刻，水底的贝壳正扇动着
中秋的晓月

到了黄鱼飘香的季节了
我看到东冲口金斑翻飞的句子
溶解在老渔夫投下的身影里
——那些刚刚装订成册的诗集
那一面鱼排，结着角质鳞片的灯光下
我的阅读从来都是这样鲜活

楼门前飘起一片蓝色的雾
轻薄的衣衫反倒让秋夜更加明净
抬头望去，耸立的白塔也变得悠远
这样的夜里会让我想起黑天鹅……
水门岛……彩虹桥……音的雕砌

夜光因你而倍加华美

动车真的慢了下来
缓缓穿行，吹弄一弯如月的口琴
你的眼眸比湖光更为明亮
让酒醉的光芒完全消散
今夜，圆湖才是豪饮的金盏
而我只是一滴燃烧的水

山和海的儿子

我原以为你是山的儿子
在我离开你的那一刻起，我的心
被石头绊住，那些起伏的峰峦
落泪的云霞，土地里加厚的种子
让延伸出去的秋天
都沉淀在每一片生锈的叶子里

我要赶在一场飓风到来前
去倾听落叶的安魂曲
隔着葬礼，我竟然看见海就在对面
一只落伍的鱼穿过复眼潜生的红树林
安详地凝视着
我那一串歪斜的脚印

秋天真的拂过了我的头顶
海面上的秋天比想象来的喧闹
我并不回避浪花砸向我的那种喜悦
也不会将思乡的愁绪挂在枝头

因为，东湖塘成长的羽翼
留住的那一只秋色
早已把我稚气的爱情点亮

归回大海

在那不见青灯的山峁上
一个婴儿无端地
跑了出来

世界在一片跃进的欢歌中
催生出一株痛苦的胚芽
那仅是一个机会，一种虚构，一声感叹
巨大的山峦托举着我的
全部的童年，直至我摘取下从黑土里突然冒出的
一簇花朵的掌声

但是，我还是要归回大海
踩着矢车菊一样明亮的脚趾
——这生命之伐，逃离
四荒八极

东侨，你往昔的脸上满是泥淖
哀愁像自芦草中逋逃的鸟
让我在咫尺之遥一直没听见你的召唤
举起对月的杯盏
照见我在这里开花生根的名字
和一脉相承的那曲乡音

现在，一夕清露将归回大海
还有喋血的琵琶
还有含怨的美人……

我的脚踝骨已经从大地经纬
触到了这片腾飞的水系
大海，你绝不会喑哑
而我的桨叶也绝不会疲惫
我又像孩童一样忘乎所以，在快要迷失的时候
滑向了蔚蓝的繁华

夜色温暖，四无屏蔽，最宜回首年华
采贝……三角帆……丑石……
恍如昨日，心心相印

晨光沐浴中的东侨（诗组）

周宗飞

晨光沐浴中的东侨

昨天这里还是寂静的海
一片退潮后荒芜的泥滩
那时候　岁月就像舢板
在三都澳一角　艰难而又缓慢
一定是有一种高过梦想的力量
才能够在一夜之间
从这里绽放出火焰和欢笑
用满城鲜艳的花草和华丽建筑

以及成吨成吨的光明与芬芳
把你装扮 成为无数人睁大眼睛的盼望
穿行在你簇新的社区 酒吧 厂房
以及花岗石　写字楼　公园与喷泉之间
迎面的风是这般遒劲欢畅
沐浴的晨光是如此醇厚明亮
就连你随意伸展的方向都令人神往
从东湖南岸到北岸　东侨
你带来了期待已久的梦想
挖掘出我心灵暗藏的故乡
就像热恋已久的痴男
找到安身立命的新娘
今天我脚踏露水 抬头咏诵
多少拥有乡村背景的人都身披霞光
在你汗水映亮的地方和我一起心花怒放
只要轻轻地拍一拍胸膛
都会流淌出幸福的华章

在东侨

这里一定居住着我的梦寐红颜
她怀抱灵芝 两腮泛红
迈着月光轻盈的脚步
游走在东湖的南岸 北岸
以及花木掩映的街道广场
我一定要设法安静住自己
赶在阳光到来之前
熄灭那股比怀春强烈百倍的诱惑

悄悄刮走血液里
波浪一般不停汹涌的欲望
在东侨 我实在无法抵御
她每天更新的姿态和容颜
这艳异的美
这环三都澳项链上的翡翠挂饰
这让人窒息的魔
竟比爱情还要锋利
穿透血管里所有的空隙
直抵莲花簇拥的心脏
在东侨 我忽然惊觉
对于这座刚刚崛起的海湾新城
——这青春勃发的百变女郎
哪怕只是短暂回眸
也足以耗尽我的一生

东 侨

被规划成开发区时我是如此担心
以为偎依在她身边的湖泊湿地
一定会被钢筋水泥越掐越紧
以至湖水枯竭 芦苇不再蓊郁
白鹭 水鸭子和游鱼会被窒息

始终不敢相信十五年以后
高楼林立马路纵横的东侨
花朵依旧奔走 草木愈加深情
水鸟 蜻蜓和甲虫仍然可以坚守

那份属于自己的快乐和清贫

我要感谢东侨的建设者
对这片山水田园大动手术的同时
没有忘记打开更多的心灵和翅膀
让我们得以在这座簇新的现代都市
也能领略到那些自由的吟唱与飞翔

错　过

十五年前她还衣衫褴褛
用黯淡的东湖，望我
像一位羞怯的村姑
我却不懂得用爱把她征服

如今她明眸皓齿流光溢彩
拥有花草簇拥的别墅豪宅
水鸟翔集湖光潋滟的公园
还拥有自己的企业与超市
随便掏出身上的一样东西
都足以兑现我一生的工资

只能梦着她愈发美丽的容颜
轻轻念着她的名字
听她不断传来美好的消息

东侨：一个人的诗画空间

见过许多画家，没有比你出色
荒芜滩涂也能彩绘成山水画卷
熟悉不少诗人，没有比你优秀
短暂十年就能撰写一部辉煌史诗

都说这一方海域和蓝天
有着奇异的内涵和春色
每天我都在梦的畅游中和你联网
阳光中的白塔和栈桥
是我点击你的鼠标
暮色中翩翩归来的白鹭和船只
是我频频移动的光标
就连家门前疾驰而过的动车
也是你留给我的美妙的惊叹号

流连在你的诗画空间
我一会儿拷贝你的高楼，广场，绿地
一会儿链接你的道路，社区，园林
就连短暂的梦呓，也在复制你酣畅的涛声
从南岸到北岸，从湿地到桥堤
你每一次刷新，编排，重组
都在我的心灵留下快乐回响

哦，东侨，行走在你崭新的天地里
对你的爱比海水还要深
明知闽东有海西最长的岸线
但我只爱你的南岸北岸
知道中国有美丽的西湖南湖
但我只爱你的东湖潮落潮涨
每一次散步，停留
每一回呼吸，仰望
我都不由自主地鼓励自己
快快拥有一套临湖面海的房子
从此做归人，不再是过客

东侨的今天如此香艳（组诗）

王祥康

一对老人牵手走在金马海堤上

金马海堤外　两座跨海大桥
像插在海面的两把梳子
梳理着远方吹来的风
梳理两位老人的百感交集

东湖荡漾三千八百亩心事
海堤内　新的塔吊在不断攀升
放风筝的人一路奔跑
手中的激情高过白鹭的翅膀

一对老人牵着手走走停停
目光里　芦苇的沧桑与风筝的艳
刚好构成心情的对角
这一幕会嵌进东侨的历史

塔山上的夕阳犹豫不决
最后的余晖要用来泡眼泪
每一步都踩痛往事
岁月激情　醒着的梦一做六十年

风像起伏的音乐
吹走一些影子　又吹来高潮
命运的旋律折叠又打开
歌声栖息的地方就被叫作故乡

又一列动车飞驰而过
老人牵着的手轻轻抖了一下
风里有黄金的回响
逆着时光　白发苍苍也想学着飞翔

阳光降临

脸上的红晕还没褪尽
新娘整个人沐进　南岸的爱情
双手抚过的腹部已微微腆起
阳光通过手指一点一点注入
慵懒的呼吸让这个深秋的早晨
有点起伏和摇晃

她时不时回首仰望二十八层高楼
在那里　她遇见光阴的光
收获了果实的实
一只白鹭从体内飞出
与东湖的碧波推杯换盏
眼前的夹竹桃　剑兰　芍药
许多似花非花的故事
正在东侨温暖的部位反季节生长

她也要生下一群这样的孩子
像前方那个小顽皮
努着嘴　发出一串串彩色泡泡
仿佛小鸟快乐的鸣叫
向天空送去　小小的天真和幻想

这个时光里的真正主人
她不管不顾　把四肢摊在草坪上
像一只蝴蝶找到称心的花
她的幸福被阳光一层一层加厚
又一圈一圈地蔓延
东湖的隐喻
在世俗生活的表面有了反光

在三盛海德公园遇见拍婚纱照的新人

新娘的飘逸　怪东湖吹来的风
新郎紧张　马上伸出双手
扶住她细细的腰　扶住
一段琴弦和恍惚的青春

这么高的花园　香气相当于云彩
一对新人的目光放在远方
日出的地方叫幸福
他们提前看见了春暖花开
提前把爱种进了大海

多么好　在三盛海德公园
可以看到整个东侨的过去和未来

远方一列又一列的动车
奔跑而来　仿佛
他们的后代一个个扑向怀里

一对新人扮起爷爷和奶奶
等待命名的子孙
就借用这里的花花草草
石头和流水的名字
现在　他们把目光收进自己的内心
被云彩托起的梦　多么好

高过尘世的花园
一对新人葱茏　香艳　光芒
像这个清晨柔软的时光

做一只东侨的白鹭是幸福的

青山绿水间　她白得不可一世
一双自以为是的翅膀带着海风游荡
与水波嬉戏　互为亲眷
有时只用一二声盐味十足的鸣唱
就让整个东侨发愣　或者摇晃起来

东侨爱着白鹭　爱她的纯洁宁静
和一点点的骄傲　三万颗心踮起脚尖
举出整齐的高楼和尖尖的白塔爱
用水岸的花园和一浪一浪的皱纹爱
用历史和未来爱

东侨的白鹭是幸福的
这里的家园与梦幻如此接近
她们的母亲和儿女都是醒着的天使
想说出话 说出刚刚酝酿的崭新的话
但她们只用几声鸣唱就点缀了自然
点缀一颗颗忙碌的心灵

她们的翅膀常常会抖落几行诗句
我就是俯身捡拾诗句的那个人
潮涨潮落的时光如此舒展
我羡慕东侨人　他们辽阔的天空
常被闪亮的问候充盈　我更羡慕着
东侨天空上三生有幸的白鹭
她们自由自在地掠过尘世
又在我的灵魂深处恋着　爱着

东侨记

林典铯

从此，到东侨去
一条大溪汇入东海
一个人在岸边，水把水流远

曾经的付出，如斯东逝
南山上的杜鹃，冤枉地红了那么久
没有结果，而且结怨
一天，去和回，三百公里高速公路
提速，往前、往前
除了两次收费，终于回到原点
在世间，无论花朵，还是人
无果而返，注定是折磨的情节

从此，到东侨去
人群陌生，南岸、北岸陌生
可以一个人海阔天空
觉得太空了，就画地为牢
自己把自己关起来
可以随意开小资的花朵
不想开了，就随便的凋谢
可以结一树果子

无论熟透、不熟透
想掉落就掉落，不想掉，就挂着
反正没有人逼你一定要成为好果子

从此到东侨去
一个人登高，鸟翔日落
一个人临水，鱼游晨曦
如果有一天真的遇见你
就像陌生人一样，擦肩而过
虽然熟悉装作陌生，这很难
但是东侨山水，仿若世外
你舍不得
我也舍不得
难装，也要装，反正错过的
已经错过

我来东侨

陈　幸

我踏着翻滚的海潮来
用经年的企望　拍打
亘古兀立的三都岛
擂鼓般的颤响　唤醒
天地葫芦中沉睡的港湾

我循着乡野的阡陌来
踩入千年红树林
推开大门山的刹那
一只只白鹭扇起风帆
曾经的沧海已桑田

我乘着飞驰的动车来
穿越的不是烽关险隘
是长长的隧道悠悠的时空
葱郁的塔山龙蛇山下
拓荒者开辟一马平川

今天　我要到莽莽的
闽东青山中　采撷
滴滴翠绿　一路蜿蜒

汇成滚滚的赛江
层层碧水 漫过堤闸
随着三都澳的潮汐
挤出东冲口
融入大海洋——

我的东侨（组诗）

迪　夫

我的东侨

多年前，失去家园的侨胞
在山下搭房子，造船只

乌黑发亮的人，从此
背靠青山，面朝大海

如今建设核电的年轻人，离开故乡
人在秦屿海边工作，孩子留在东侨念书
他们没有侨民的伤痛
却像侨民那样从此落下了根

我的女儿大了，明年大学毕业
她也许向往着更远一些的地方
可我是宁德人
我要用核能让东侨的夜晚更亮一点

东侨，我的东侨
如果你的湖光山色是一个梦幻
我愿是一只小鸟，像婴儿落进摇篮
躁动着叫你一声爱

东湖公园

有点咸涩的海水
翻动着河水的细波
海水与河水交汇成美人鱼的身段
在城市之东，你，东湖

我的家乡也有一个湖，很甜
湖心岛上，祖上留下的古屋
几年前倒塌了
如今，我在寻找下一个去处

一个西班牙人的后裔，靠在长椅上
让我拍照。对岸，尖顶的教堂
在水里游动着。我对他笑了一下
他对着阳光说了一句什么

哦，东湖，我爱上了你
好想在湖边建个小木屋
从此与天上水中的精灵一起做梦
一旦涨潮了，就变成渔舟漂浮

白　鹭

大海是倾斜着上岸的
而退下去
也是倾斜的
这让一个外乡人惊心

我对这片海域的认识
是从飞翔的白鹭那儿得到的
它们穿着雪白的衬衣
在乌黑的滩涂上寻找黑色的鱼

沿着木桥，把我的夜晚寄存在这里
对岸星星点点的灯火
是从涌来的海的水平面上升起的
水中的鱼眨着小眼睛

我原不属于海
但现在是，我属于海水也属于
与海邻近的这片土地。对不起，我带来了喧响
白鹭，请相信我是多么心疼你

东侨掠影（外二首）

何　钊

东湖三叠

一

是城市圈住了海，还是
海水托起了一座城
跌宕的情怀化做波纹婉转

桃林如火，柳丝拂面
从此深陷臂弯
不再澎湃

也有相思：都写在岸边
伫立着远眺
转眼间摩肩擦踵，烟花灿烂
也有沸腾：晨起的东海
朝露如珠儿撒遍花园
迎着风的亭台

二

不是虚构，是水
挑动了城市的消息
追逐，生活，嬉戏
海微笑着
回音缠绕，在水底

亮光从桥墩间飞散
沿着水面，一路涟漪
连绵的拥吻，直到白色的翅膀
在湖对面聚拢
城市的海，静静地守着风帆
聆听海的喧嚣

三

哦，东湖

把饱满的丰腴，不羁的脚步
留给一座城市。潮总是按时来到
在夜里，唱着心和梦的距离
载着飞翔的嘱托
悄悄盛开，无边无际

今晚，左手和右手环抱
南岸和北岸见证：
我就是大海

夜里，塔的精灵在天空

夜晚，塔在一片新植的树林里醒来
躁动不安
揉一把花香和海雾
装扮得富丽堂皇
和都市的繁华交汇
塔说，看我搅动海湾

悄悄和白鹭耳语
转身把光的珠子撒满天宇
惊起夜栖的梦乡
塔欢笑着逃开，留一串碎玉
招摇着溶进月影

从东到西，越北向南
塔叫着跑着，连额头都挂满冰晶
城市的眼睛追着塔

叮咛也一圈圈荡起来
嗯，他们的眼睛对望着
笑声一样顽皮

好了，该站在海边等潮了
手舞足蹈的海
环拥着城市
她是塔最亲密的玩伴
他们约好了：每个清晨
不，每天，每时每刻
手要牵着，别去太远

塔偎依着海
海抱着塔，摇着入眠
嘘——塔要睡了
明晚还要早起

东侨掠影

一

往来的车流从我身边经过
这个夜晚
我专注地听着风声
看着月光
从塔顶婀娜地飘散

风吹动湖面的星光和灯影
叮叮当当的声响
一串串的高楼在背后
蛐蛐儿在花丛
散步的情侣三三两两
笑声也随着风游转

二

那些晨雾里的山
沐浴三都的海水和海风
辨不出色彩的形状
没有谁比它们更知道
这片土地的成长

曾经的碎石小路
泥泞的渔网和连家渔船
他们都看着彩虹长桥
接连起南岸和北岸

金马海堤围起的花园
花园里满面红晕的新娘

三

这个夜晚
我听着星星从遥远的天边
把祝福洒遍了宁川大路
动车轻盈地启程
穿起了一串珍珠

十月东侨（组诗）

白　鹭

在东侨，我陪你慢慢变老

陪你，在东侨，在十月的暮晚
一列火车从三都湾的跨海大桥经过
满载着金灿灿的夕光
仿佛满载着数十年的爱与感恩

在阵阵海风里，我们坐在堤岸上
看一对白鹭从远处迁徙而来
像我们多年以前。亲爱的，我愿意这样
在曼妙的时光里，和你携手，慢慢老去

我们走过多少旅程，尽管历经坎坷
我们受过几多伤害，尽量捂平伤口
亲爱的，三十多年前，一个毛头小青果
流连过东湖塘，也像这样一个秋日午后

湖塘开满荷花，一朵又一朵
让我找到心灵的归宿。像今日
借着一缕秋光，我路过南岸和北岸公园
湖水清澈，白鹭高飞，游船点点

一个放风筝的小男孩
他将童年的憧憬和梦想一起放飞
他将爱牵在手中，仿佛大地是他的舞台
一路奔跑，一路飞翔，和从前的我一样

塔　山

风吹不动塔山，只吹动成片的草
像一路追赶秋天的羊群
它们敬畏大地，比我更谦卑
匍匐在如意宝塔之下

这里没有庙宇，众多的神
居住在人间
但它们不知世间苦乐
也不解世俗风情与悲喜

在塔山，我聆听秋叶萧瑟
远眺三都湾的碧海苍茫
拒绝一场有关人生与命运的询问
但接受一次秋天和大海的问安

梧桐花

在南岸公园，我看到梧桐花
快乐摇曳，风吹动它们的花衣裙
也吹来十月的芳香

东侨新建的楼房直插云天
低矮的树木圈住绿色的家园
东湖之畔传来谁的琴声悠远

这里好像就是我要找的心灵栖息地
宽阔的湖面可以托付灵魂，适合于疗伤
那满树欢畅的梧桐花醉在十月的金风里

十月东侨

丰收的喜悦在风中传递
东侨，你的十月应是明媚的

秋日的金光写意着东湖
我的好兄弟白鹭展开梦想的翅膀

迎向蓝天，那些云朵像秋天的巡礼
而我来到东侨，只想做一件事

将内心的爱意化为一行行文字
吟诵你的前世今生

穿行东侨，秋风仿佛是你派出的使者
挽我衣袖，一同去领略你的河山之美

东侨十月，我在一缕金色里
和你一同讴歌，一同圆梦

一湾湖坐落我的城市（外一首）

谢应华

就像每尾鱼冥冥之中找到自己的汛期
一湾秀水的湖坐落我的城市
越过唐宋明清，越过几度苍苍的蒹葭
一座裹挟了几千万年浪涛的海湾
从时间的瓦楞里，滴落，滴落
滴落成这多情的东湖
在这里，每一把来自东海的泥沙都是一座王城的基石
大浪不言，时间滔滔不绝

一座湖，自她的前世来到我的城邦
坐落在我还带着新鲜草香的东侨新城
她不张扬、也不卑怯
她开诚、也接纳
她一腔滚烫的热流，正在接受
大浪之魂倾心的淬火

不是每一种文明，都会给人以鸟鸣般的欢愉
恰如这片土地，她带着先民的劳动号子赶来
一路洒下微咸海水、黧黑淤泥、凄风和苦雨
在每一个黎明和黑夜的拐弯处
带着新雨露和旧光阴迤逦前行

——蓄满人间的香火

怀揣梦想的人们
让这块落寞之地开花，异香扑鼻
我看见一群群牛羊在风雨中奔跑
我看见一群群飞鸟在浪涛里翱翔
把新时代的故事引向纵深，更深
还有那些传统的渔具犁铧和方言
高悬在图腾之上

一座湖坐落我的城市，带着远古的密码
那些曾经叫偏僻、蛮荒和贫穷的单词
早已被风吹远
时代的谣曲，在摇篮里已传唱多年
万物鸣唱的版图上
她以梦幻的黄金成色面见世人
并将世间最旖旎的色彩
全都折射给你

我要将一盏不灭的灯光
从东海搬来。放进汉语修辞
一一抬高人们对她向往的目光
如这湾坐落新城的湖水
带着大海的长风
让每一朵荡漾都能听到拔节开花的声音

在东侨等你

四围青山，是谁日月常新的蛾眉
一湾碧水，是谁明眸善睐的眼睛
三月的东侨，在繁花绿柳中居住

满布浪涛的诗篇
一册唐宋，一册明清
无限长卷，始于 1997

陆放翁，您别来应无恙！
今夜，请让我用这干净的湖水，去熨帖你百转的愁肠
当惊世界殊，800 多年的时光早已星移斗转

25 孔桥明月夜
碧林修竹，摇曳水边
一壶烟雨，泡软金马海堤的长相思

17 年的电光火石
色彩斑斓的根须，遍地蔓延
时间的涟漪层叠起高楼鳞次栉比的章节

在东侨等你
等你用盈盈东湖的眼波做妆镜　打捞水面的梦幻
等你用满街人间的星辉做引线　点燃内心的火苗

在东侨等你
等你重新续接上蓝色肌肤里 一再析出的明火与盐粒
等你借用弱水三千 圆润光洁走过的绿水青山

到达更浩大的疆域和一个地方壮硕的心脏

东湖写生（组诗）

姚世英

东湖栈道

一节栈道
是日子平淡的叙述
那么多人推动了语速
流水加深了语调或是心跳
幢幢高楼金色的倒影
被那只鱼拽了一把
水草摇曳
霓虹街景碎了，满湖的念想

水里的窗
灯火明灭
城里的人沿着栈道
退出热闹的诗情画意
一轮清月
照见湖的本来面目
对月的人
诗意从潮水涌上来

南岸公园

腥味的风吐出鱼的呼吸
水波拍打记忆
蓝天罩着湖面
风吹开苇草
夕阳从西头的云雾放出光芒
半轮清月挂在东边
日月同辉
为众人上演一出活生生的长亭送别

只有我
突然对聚散生死有了强烈的疏离感

金蛇头写生

海上的田，一个个黑点移动
那是弓着腰的妇女
在滩涂里掏蛏子
深深浅浅，斜斜正正
她们在自由书写
泥鳅和螃蟹，是她们的章法
黏腻和凉滑，始终咬住感觉的笔
仰起的脸，黑里透红
她们的背后
是水天之间的长桥，白色动车缓缓穿行

如意塔

塔尖流过霞彩
风声传递沧海桑田
两次重生
鸣铎化作金光
荒草成林荫

高楼养在水池里
白鹭穿插
一条长龙越过空茫
海上的田园升起炊烟

夜里编织灯塔
谁的手始终握着金如意

中秋夜登塔山

虹桥，灯火长龙
街市近在咫尺
清彻笙歌向我敞开
月儿躲藏
犹抱云雾半遮面
怀抱虚空
从黑暗里挖出一大片记忆的湖
水边，不断飘升的渔火
散漫作群星
那是地下和天上的亲人提着花灯
彼此寒暄

东湖之恋

顾北哉

一

今晨，我是北岸的留鸟
已习惯了南方的水土
但，我还是喜欢
单独涉水
孑然伫立
东湖里的洲渚
水草凄凄
如我对你的朝思暮想
你，是否已经在
来的路上

而我，还是没等到你来
白驹过隙
我感觉到自己
一瞬间衰老
如冬日里的残荷
在时光的彼岸
顾影自怜

二

北岸的水鸟
不要再一声声地唤我
唤我的乳名
今晨，我是东湖里的鱼
在冬日的湖底，沉睡
醉我的不是酒
是故里的水

请在春天来临的时刻
用你的轻羽
将我网起
我饲你以我的肉体
借用爱的名义
而后，我追随着你
乘风归去
微笑是我留给你
最后的言语

三

春天回来了
而你，再也不回来

就是在春天
一个灵魂绝然而去
带着欢喜的影子
离开了孤独园
悄无声息

就像是往常
离开家的时候
你轻轻带上屋子的门
唯恐惊醒
梦中酣睡的孩儿

梦，终究要醒
我发现置身空荡荡的房间
屋门反锁
除了自己
别无其他身外之物
一如寂寥的湖面
这世上再没有了
疼惜我
生我育我的父母

爱比梦长
我眼望北方
春寒如水，满盈
我余留的时光
即便是随缘度日
我心底里还是十分畏惧
再见春天

东侨的桥（外一首）

张　颖

十一楼的窗外
一根线，铆足了劲
在两片格子布的缝里
守住自己的针脚

夕归的鸟，掷出一声啼
珠圆玉润
砸疼一把弓的等待
它竭力地拱起背
去接住，被打翻的火把
却害怕
被湖涨满的心事烫伤

黑夜，缓缓
拉起五彩的经幡
水把风马旗的祷文
递给一个耳廓

它拉满自己的虔诚
让一个蓄势待发的新区　在起跑线上
随时以一支箭的力

射出

我想
取一截大门山的静脉
为新区的心脏再搭个桥
好让年轻的他
搏动出流畅的祖母绿

距　离

大门山公园的夜
辽阔而寂静
石头像孤岛
飘浮在草地上

一对恋人
背对背坐在孤岛
隔着一个平原的距离
隔着两个姓氏的距离

岛与岛之间
树与树之间
虫鸣与虫鸣之间
抬起头时
星与星之间
都隔着巧妙的距离

在我脚下的路与路之间
行走的每个人
用孤独的距离
为彼此点亮
一盏路灯

走进东侨（歌词）

陈常见

这里是梦幻水岸，多少时代凯歌欢乐流传。
山海幸福相伴，如画美景悄然绽放。
东湖凌云志，激荡山外山。
在永远的感动中，为世界谱一曲壮丽诗篇。
走进东侨，走进心灵家园。
繁花啊在这里飘香，百鸟啊在这里高唱，在这里高唱……

这里是三都港湾，多少人间奇迹蓬勃成长。
海天和谐交响，如诗意境悠然芬芳。
东侨创业歌，响彻天外天。
在永恒的追求里，给未来展一幅恢宏画卷。
走进东侨，走进精神殿堂。
梦想啊在这里起航，希望啊在这里点亮，在这里点亮…

东侨创业歌，响彻天外天。
在永恒的追求里，给未来展一幅恢宏画卷。
走进东侨，走进精神殿堂。
梦想啊在这里起航，
希望啊在这里点亮，在这里点亮…　点亮……
希望在这里点亮。

爱在东侨（歌词）

东侨集体

蒹葭苍苍，绿水茫茫，
这是我迷人的家乡。
湖在城中央，城在海一方，
心随歌声走，人在画中游，
绵长海岸牵动历史的情思，
汽笛声声唤醒梦中的摇篮。

天空蔚蓝，鸥鹭飞翔，
这是我温暖的家乡。
山川披绿意，四季飘芬芳，
新区展新颜，明珠更璀璨，
和谐家园谱写多彩的旋律，
激情乐土流淌着万里春光。

啊！爱在东侨！
爱是美丽山水间幸福的守候。
啊！爱在东侨！
爱是创业路上激情的碰撞。
爱在东侨，爱在东侨，
这一生这一世，我的青春我的梦，注定要和你一起远航。

东湖恋歌（歌词）

陈常见

湖在城中，城在海边，美若天上仙乡。
东湖腾蛟，激荡中国梦，一川烟雨轻舟远。
峥嵘岁月几许情愫，
梦幻水岸多少人间奇迹涌现。
和谐互动，钟乐齐鸣，幸福家园，幸福花开一年又一年。
魂牵梦绕东湖塘啊！
今生来世，不觅福地与洞天！
啊，万顷碧波，伴你铺展锦绣画廊。
千行鸥鹭，伴你谱写时代华章！
啊，万顷碧波，伴你铺展锦绣画廊！
千行鸥鹭，伴你谱写时代华章！

人在福中，福在心上，家似人间阆苑。
塔山起凤，抒发盛世情，半阙诗词幽梦长。
叱咤风云几多自豪，
黄金海湾多少现代神话上演。
繁荣共赢，龙狮劲舞，吉祥侨乡，吉祥鸟唱一天又一天。
心驰神往东湖塘，心驰神往东湖塘啊！
天涯海角，何分故乡和他乡。
啊，万里春风，为你承载永恒荣光！
千古明月，为你守望永远的辉煌！

啊，万里春风，为你承载永恒荣光！
千古明月，为你守望永远的辉煌！
永远的辉煌！

幸福东侨（歌词）

翁朝霞

面朝东，寻一缕阳光，惊涛狂澜，驾舟远航。
何处凯歌声声响。
多少奋进，多少希望，留在东侨人的心上。
你看那清风荡漾，宛若云在水中央。
鸥鹭翩然，说一种安居幸福的模样。

今朝辉煌，又谱新篇章，扬帆鼓浪，凯歌高唱。
多姿多彩的风光，任由你徜徉。
千卷画，万种情，幸福了东侨，
美在身旁，大爱人间，心飞翔。

朝前望，种一季梦想。梦中的画廊，举世无双。
今朝东侨尽春光。
卧虎藏龙，豪气飞扬，有你别样的浪漫。
你看那风过的地方，一路美景任阅览。
梦幻故乡，说一种随心徜徉的奔放。

今朝辉煌，又谱新篇章，扬帆鼓浪，凯歌高唱。
多姿多彩的风光，任由你徜徉。
千卷画，万种情，幸福了东侨，
美在身旁，大爱人间，心飞翔。

今朝辉煌，又谱新篇章，扬帆鼓浪，凯歌高唱。
今朝辉煌，又谱新篇章，扬帆鼓浪，凯歌高唱。
凯歌高唱，高唱……

后 记

当文字与山水交融，当诗意为生活流淌，东侨，这块“面朝大海，春暖花开”的土地，注定是文人墨客为之沉醉，并让文学之花繁盛多彩的所在。

东侨，既古老也年轻，古老在于这片土地的浮沉起降，历经数度围合而留下了沧桑的传说；年轻在于她作为经济技术开发区迄今不过二十年的时光。二十年间，东侨人这片热土上辛勤耕耘、奋勇争先，使这块从大海打捞出来的沃土发生了翻天覆地的变化，已然成为宁德跨越发展的先行示范区，成为宁德绝美家园的亮丽名片，她先后获得“中国人居环境范例奖”、国家级水利风景区等“国字号”荣誉。这里优美的宜居环境，成为人们心向往之的养生天堂；这里优质的宜业条件，成为企业趋之若鹜的创业热土。

自东侨经济技术开发区成立以来，东侨经济技术开发区党工委和管委会始终坚持经济建设和文化建设同步发展，致力打造“侨”文化。党工委宣传部精心策划组织了多次文艺采风活动，邀请各门类的文艺家前来感受东侨日新月异的发展成就、体验东侨宜居宜业的优美环境、领略东侨湖光山色的自然景观。时值东侨经济技术开发区成立二十年之际，东侨宣传部将历次采风的文学作品择优汇集成册，并委托福建省作家协会全委会委员、宁德市文联副主席缪华策划、编辑《我有幸生活在这里——作家笔下的东侨》一书。该书分为“沧桑东侨”“福地东侨”“诗意东侨”和“水韵东侨”四个版块，收录散文、诗歌73篇（组），通过这些有思想有情感有文采的文字，让读者了解东侨的前世今生。

在本书即将付梓之际，我们衷心感谢原福建省科协党组书记林思翔为本书作序；感谢《闽东日报》副总编阮兆菁、宁德人民广播电台副台长柯婉萍对本书给予的指导和帮助；感谢作家、诗人为东侨创作了优秀作品；感谢摄影家为本书提供了精美照片。

“潮至千帆动，涛喧万鼓鸣。”《我有幸生活在这里——作家笔下的东侨》一书的出版，正是东侨人学习宣传贯彻党的十九大精神的具体举措之一。在宁德市委、市政府的坚强领导下，东侨经济技术开发区正以习近平新时代中国特色社会主义思想为引领，不忘初心，牢记使命，全力融入“开发三都澳，建设新宁德”中心大局，以建设“产城融合，宜居宜业”新东侨为奋斗目标，为实现中国梦的伟大理想，万众一心，砥砺前行，开拓进取，再创辉煌。

2017 年 11 月 8 日

图片来源

（按姓氏笔画排序）

王怀球　摄：212

王志凌　摄：178、211、224、285

东　影　摄：24、50、53、70、81、99、101、102、103、111、119、127、152、155、174、187、199、215、230、232、235、271、285、290-292、294

兰　晖　摄：201

兰兴贵　摄：141、278

刘忠忠　摄：3、30、54、87、115、234

刘永明　摄：249

刘必贵　摄：72、267

许德灵　摄：21、封底

许少华　摄：130

阮建兴　摄：27

任军惠　摄：67

江木树　摄：240

江朝斌　摄：93

杨良辉　摄：封面、35、106、163、167、177、255、273、282

李朋松　摄：18、43、45、47、49、59、97、124、132-133、135、137、151、164、181、202-203、233、257、260-261

李庆如　摄：168

余新星　摄：13、228

余　斌　摄：207

陈言波　摄：23、47、129

陈英华　摄：170

陈向卿　摄：118、153

陈信荣　摄：104、107

陈泽珍　摄：82、277

陈开曦　摄：148-149

吴宁俊　摄：138、285

巫文福　摄：247、263

林四五　摄：1、73、214、280

林挺喜　摄：10、146

林若晗　摄：185、193、252

林文强　摄：60-61、182、243、264

林良营　摄：208

林　平　摄：144

林丽萍　摄：239

林祖贤　摄：196

卓仕尉　摄：139

姜朝斌　摄：109、173、225、259、269

唐招增　摄：116、161、272

翁惠文　摄：120

黄巧娟　摄：36-37

黄大隆　摄：75

黄碧娟　摄：113

黄专平　摄：287

谢书秋　摄：5、6、16、17、83、86、89、92、122-123、158、188-189、210、213、245、259

谢作建　摄：195、250

游上禄　摄：221、237

曾子群　摄：128、143

廖喜銮　摄：150、223、281

潘光生　摄：238

薛明瑞　摄：28、114、279